역동성
프레밍

역동성 프레밍

© 김익철, 2018

1판 1쇄 인쇄 _ 2018년 07월 10일
1판 1쇄 발행 _ 2018년 07월 20일

지은이 _ 김익철
펴낸이 _ 홍정표

펴낸곳 _ 세림출판
　　　　등록 _ 제 25100-2007-000014호

공급처 _ (주)글로벌콘텐츠출판그룹
　　　　대표 _ 홍정표 이사 _ 양정섭 편집디자인 _ 김미미 기획·마케팅 _ 노경민 이종훈
　　　　주소 _ 서울특별시 강동구 풍성로 87-6 전화 _ 02-488-3280 팩스 _ 02-488-3281
　　　　홈페이지 _ www.gcbook.co.kr

값 15,000원
ISBN 978-89-92576-84-0 03320

역동성
프레밍

김익철 지음

세림출판

들어가는 글

첫 번째 프레밍 환경역동성
Progressive: 비가 와도 눈이 와도 우리는 간다! -隨處作主

두 번째 프레임 방향역동성
All for one: 나의 볼을 명확히 하라! -有志竟成

세 번째 프레밍 실행역동성
Go forward: 멈추면 죽는다! -克世拓道

네 번째 프레밍 가치역동성
One for all: 나를 넘어 세상을 섬겨라! -自利利他

다섯 번째 프레밍 관계역동성

No side: 하나의 본질로 돌아가라! -和而不同

이 가르침을 이해하지 못하는 사람은

그 때문에 신경 쓰지 마라.

왜냐하면 인간이 이 진리와 같아지지 않는 한,

그는 이 가르침을 알아듣지 못할 것이기 때문이다.

이 진리는 신의 마음으로부터

매개 없이 도래하는 감추어지지 않고

드러나 있는 진리이기 때문이다.

-마이스터 에크하르트

럭비 패러다임의 시대를 걸어가고 있다

"어떻게 나에게 이런 일이? 어떻게 저런 일이?"

자고 나면 사건이 터지고 어제의 개인과 기업은 새로운 몰락의 자리에서 고개 숙인 채 우리들 눈앞에 서있곤 한다. 지난 시절에는 상상도 할 수 없던 일들이 오늘날에는 여기저기서 벌어지고 있다. 혼란스런 시대이다. 단순한 변화의 가속성으로 설명하기 어려운 시대를 살고 있다. 단순히 시간이 해결할 문제도 아니고 운의 문제도 아니다. 전 세계를 지배하는 패러다임이 변했기 때문이다.

지난 20세기는 합리주의가 지배하던 시대였으며, 예측가능한 인과로 설명이 되던 시대였다. 그 시절 우리의 믿음은 '하면 된다'였다. 그러나 지금의 시대는 '하면'이란 투입변수는 존재해도 결과변수는 '된다'라고 누구도 확신할 수 없는 시대를 살고 있다.

지금은 그 무엇도 투입변수로서 결과변수를 설명하기 어려운 시대에 살고 있다. 정치도 경제도 하나의 투입변수로 존재할 뿐 그 결과 변수는 아무도 모르는 시대를 살고 있다.

비단 이런 패러다임의 변화가 상층의 권력자나 지배층에만 해당되는 문제일까? 그렇지 않다는 것이 정답이다. 예측불허의 상황전개는 개인도 예외는 아니다. 어제의 사랑이 증오가 되고 의리가 배신이 되어 싸늘한 도시의 거리를 떠돈다.

타원형인 럭비공은 놓치면 방향을 예측하기가 어렵다. 지난 시절은 원형의 공 패러다임 시대였었다. 놓쳐도 예측이 가능하고 통제가 가능하던 시대였다.

지금 우리가 살아가는 시대의 모든 것들은 럭비공과 같다. 그것이 권력이든 부이든 개인의 삶이든 오늘은 설명해도 내일을 설명할수 없는 럭비공과 같다.

자만과 오만의 볼을 가지고 살아가는 자에게 더 이상 내일이 존재하지 않는 시대를 우리는 걸어가고 있다.

21세기의 권력과 부는 어느 시대보다 위태롭다. 그들이 쥔 공은 기름칠한 럭비공과 같다. 다른 누구보다도 놓치기 쉽고, 빈손이 되기 쉬운 운명에 놓인 자들이다. 작은 만족에 웃음 짓지 마라. 그 작은 자만이 필패로 이끄는 단초가 되기 때문이다.

문제는 자만과 오만이다. 파멸을 초래하는 자만과 오만은 어디서 생기는 것일까? 그것은 성공에서 시작된다. 성공이 개인과 조직의 목적이지만 성공은 실패의 씨앗을 품고 있다. 이는 최고의 요리 중 하나가 복어요리지만, 그 복어는 치명적 독을 품고 있는 것과 같은 이치이다.

자만의 위험성에 대하여 짐 콜린스는 『위대한 기업은 다 어디로 갔을까』(김영사)에서 조직 소멸 5단계로 설명을 하고 있다. 성공에 따른 자만의 발생Hubris born of success단계, 원칙 없는 확장Undisciplined pursuit of more의 단계, 위험가능성과 심각한 위험상태의 부정Denial of Risk and Peril단계, 구조를 위한 몸부림Gasping for salvation단계, 그리고 마지막 다섯 번째 단계가 퇴출 혹은 죽음을 향한 항복Capitulation to irrelevance or death의 단계라고 주장한다.

성공이 실패의 전조로 작동하는 것은 한 두 번의 간헐적 성공이 아니라 지속적인 성공의 일상화에 있다. 성공의 일상화는 기존의 방식과 태도에 대한 확신감을 제공한다. 확신감의 과잉은 유연성을 상실한 조직관성으로 고착화된다. 소수의 구성원이 자만을 경계해도 그 목소리는 자만에 찬 조직관성에 묻혀버린다.

임진년 4월 1일, 집으로 찾아 온 신립에게 내가 물었다.

"가까운 시일 내에 큰 변이 일어날 것 같소."

신립이 대수롭지 않게 답했다.

"그까짓 것 걱정할 것 없소이다."

"그렇지 않습니다. 왜군이 지금은 조총을 가지고 있습니다. 만만히 볼 상대가 아닌 것 같소."

그러나 신립은 끝까지 태연한 말투로 대답했다.

"조총이란 것이 쏠 때마다 맞는답디까?"

나는 다시 한마디를 덧붙였다.

"나라에 태평세월이 계속되면 병사들은 모두 나약해지기 마련입니다. 이러한 때 변란이라도 일어나면 속수 무책이 될 것입니다."

-『징비록』, 유성룡, 김홍식 역, 서해문집

과거의 성공이 만든 조직관성은 조직변화의 급박한 상황에서 가장 큰 장애요소가 된다.

존 K. 클레멘스는 기업에 변화를 거부하거나 주저하게 만드는 속성이 조직관성이라고 주장한다. (『고전에서 배우는 리더십』, 매일경제) 그는 조직관성을 기존의 관행이나 고정관념이라고 정의한다. 더불어 조직관성은 과거 회귀의 부정적인 면도 있지만 과거의 경험과 학습능력에 가속력을 붙이는 긍정적인 측면이라는 양면성을 가지고 있다고 설명한다.

이와 같이 조직관성은 관리가 되면 사냥의 도구가 되지만, 관리에 실패하면 주인을 공격하는 부메랑이 된다.

내일의 성공을 방해하는 가장 큰 적은 어제의 실패가 아니라 어제의 성공이다. 어제의 성공을 이끈 관성에 대한 관리는 내일을 준비하는 개인과 조직의 가장 큰 과제이다. 어제의 방법에도 어제의 사람에도 지나치게 의존하지 말라. 적절한 긴장은 어제도 오늘도 내일도 필요하다.

"부귀는 교만과 약속을 하지 않았는데도 교만이 스스로 찾아오고, 그 교만은 망함과 기약을 하지 않았는데도 망함이 스스로 찾아온다."

貴不與驕期驕自來 驕不與亡期亡自至

-『설원(說苑) 한나라 유향 저술 잠언집』 중에서

이 시대의 승자는 누구일까. 짐 콜린스(『위대한 기업은 다 어디로 갔을까』, 김영사)가 말한 것처럼 훌륭한 리더들의 성공적 특성이 자신의 탁월성이라는 해석이 아니라 겸손과 운으로 받아들이는 겸손의 특성이었듯이, 그것은 긴장과 겸손으로 자신의 볼을 인식하고 다루는 자이다. 더욱더 자신을 다스리고 절제하고 수신하는 자들의 것이다.

변화의 골든타임은 오래 머물지 않는다

생명도 조직도 국가도 모두 시스템system이다. 시스템은 일정한 존재목적을 달성하기 위한 자기 유기성을 가진 존재이다. 시스템은 유기적 생명성을 가진 반면에 반드시 소멸된다는 명제를 안고 사는 존재이다.

우리의 모든 노력과 리더십의 과제는 영원한 시스템의 완성이 아니다. 보다 건강한 시스템의 지속성에 있다. 모든 개인과 조직은 좋은 뜻, 뜨거운 열정, 의지로 출발한다. 그러나 이런 최적의 질서상태는 무질서를 증대시키는 엔트로피entropy의 증가로 인하여 무질서 상태로 변해간다.

"우주 안의 모든 것은 일정한 구조와 가치로 시작해서 무질서한 혼돈과 낭비의 상태로 나아가며, 이 방향을 거꾸로 되돌리는 것은 불가능하다."

-『엔트로피』, 제레미 리프킨, 세종연구원

이 세상의 진리 중 하나는 모든 것은 변화한다는 것이고 그 변화는 무질서를 향한다는 것이다. 그러나 자연에는 무질서에 저항하는 자정역량이 존재하고 인간의 세계에는 새로운 질서를 만들어내는 리더십이 존재한다.

그래서 우리는 무질서 속에서도 희망을 품은 채 살아간다. 개인이든 조직이든 역동적 질서 속에서 만들어진 번영은 자만과 안일함 속에서 서서히 역동성을 잃어가며 조직 생명의 한계를 드러내곤 한다.

"개인, 가정, 기업, 국가 그리고 문명은 동일하고 엄격한 규칙을 따르며 모든 생명체의 역사는 사멸을 향해가는 인류의 흥망을 보는 것과 같다."

-경제학자 보울딩(Kenneth Ewart Boulding)

누구나 발전과 소명의 와중에서 크든 작든 이와 같은 역동성의 위기를 수시로 겪기 마련이다. 그 역동성의 위기를 어떻게 빨리 인식하고 대응하느냐에 따라서 조직생명의 지속과 소멸이 결정된다. 시스템에도 골든타임이 존재한다. 시스템의 골든타임golden time을 놓친 후 조직의 심장에 심장 충격기를 고압으로 작동한들 조직은 살아나지 않는다. 불확실성이 고조되거나 무사안일의 분위기 속에서 조직윤리가 흔들릴 때, 역동성에 대한 성찰과 적절한 자극이 필요한 시점이다.

어린 시절, 여름비가 몇 일 내리면 온 세상은 눅눅함 속에서 더운 여름을 인내하며 보낸다. 비가 물러가고 하늘이 해를 드러내면 어머니께서는 눅눅하고 무거워진 이불을 빨랫줄에 널곤 하셨다. 그 햇살을 놓치면 가족들의 불쾌한 여름시간은 계속 이어지기 때문이었다. 햇살의 시간은 항상 우리를 기다려 주지 않았다. 지금의 시대는 그 여름날처럼 너무도 무겁고 눅눅하다. 시대의 눅눅함을 말려줄 햇살이 역동성이다. 번영과 소멸의 분수령에 선 지금, 우리에게 남은 골든타임은 장마철 반짝 나타나는 햇살만큼이나 길지 않다.

"만사에는 두 가지 시점이 있다. 적절한 시점 그리고 놓쳐버린 시점."

- 슈텐 나돌니(독일의 작가)

럭비에서 찾아낸 수퍼역동성의 비밀

때로 해 뜨고 때로 비 오며, 기쁨이 슬픔이 되고, 슬픔이 기쁨이 되는 삶 속에서 세월은 가는데 우리는 여전히 반복되는 시간을 살고 있다. 잘나가던 기업이 무너지고 잘나가던 사람이 지탄의 대상이 된다. 불확실의 시대를 넘어설 원칙이 무엇일까? 불확실의 시대를 넘어서 업을 이룬 개인과 조직의 공통점은 무엇일까? 모든 것은 의문에서 시작되었다.

우리는 지혜의 단초를 럭비라는 원초적 스포츠에서 발견하였다. 거미가 짓는 거미집을 보고 네트워크의 아이디어를 이끌어내듯 부딪히고 쓰러져도 앞으로 가는 럭비에서 인류가 생명을 이어온 역동성의 패턴을 읽어냈다.

패스를 앞으로 못하는 럭비, 주어진 조건이 우리들 앞에 놓인 삶의 환경과 똑같았다. 그러나 앞으로 전진하여 득점을 해야 하는 럭비, 힘들어도 꿋꿋하게 내일을 향해 걸어가야만 하는 인생과 똑같았다. 비가 와도 눈이 와도 진행되는 럭비, 불확실한 삶 속에서 환경을 극복하고 그 길을 헤쳐가는 인류의 모습과 똑같았다. 볼을 쥔 자가 부딪혀 넘어져 길을 만드는 럭비. 어려움 속에서 앞장서 길을 만든 앞선 세대의 모습과 똑같았다.

거친 숨결의 스포츠였지만 그 거친 그라운드를 지배하며 전진하는 모습은 인류의 진화와 인류의 도전을 닮아 있었다.

어떤 삶을 살든 어떤 나라에 살든 어떤 기업을 하든, 반드시 필요한 5가지의 위대한 뼈대frame, 5가지의 수퍼역동성을 시베리아 동토의 진흙 속에서 지구를 지배했던 맘모스의 뼈를 발굴하듯 발굴하였다.

하카의 역동성 원칙은 직관적 가설에서 접근한 개념이 아니다. 철저히 살아있는 생태 시스템인 럭비의 관찰과 탐색, 개념화를 통하여 정립한 원칙이다. 단지, 좋은 이야기의 나열에서 원칙이 시작되지 않았다. 오늘도 거칠게 살아서 숨쉬는 인간들의 투지와 헌신의 활동에서 조직과 국가, 그리고 인류의 진보를 찾으려는 탐색에서 나온 결과물이다.

더는 흔들리지 않은 인생과 조직의 역사를 만들려는 자, 이제 5가지의 역동성 뼈대를 세우면 된다. 그것이 역동성 프레밍framing이다.

거미는 여전히 오늘도 거미집을 짓고 럭비선수들은 오늘도 럭비를 한다. 거미는 거미이고 럭비는 럭비일 뿐이다. 럭비를 하자는 것이 아니다. 럭비처럼 살자는 것이다.

성장과 성숙을 품은 역동성에 시대의 희망이 있다

성장통이란 것이 있다. 급격한 성장이 시작되는 시기에 몰려 오는 육체적 변화가 주는 고통. 조직도 국가도 개인과 마찬가지로 성장통을 겪는다. 성장통을 무난히 받아들이고 넘어설 때 한층 육체적 정신적으로 성숙한 새로운 질서를 회복하게 된다.

지난 세기 우리는 성장중심의 성과Performance에 몰입된 리더십의 시대를 살았다. 그리고 많은 성장의 결실을 맺었다. 그러나 그 성장이 사회적 성숙과 인간의 행복을 설명하지 못하고 있다. 배는 부른데 갈등은 커지고 사회적 불안은 더욱더 고조되고 있다. 나름대로 열심히 성장의 리더십으로 무장되었던 사람들이 옛날처럼 존경받지 못하고 그의 모든 것이 까발려져 성장의 영광이 퇴색되는 시대를 살고 있다.

문제는 성장의 방향성이다. 성장은 성숙을 지향해야만 한다. 성장은 성숙의 철학을 바탕으로 진행돼야만 한다. 개처럼 벌어 정승처럼 써야만 하는데 개처럼 벌어 개처럼 쓰다 보니, 성숙 철학의 결핍으로 모든 개인과 조직의 비범한 노력조차 냉소의 도마에 오르고 있다.

건강한 리더십은 성장과 성숙이 조화로운 리더십이다. 리더의 형식에 맞는 내용을 품은 리더십이다.

꼴은 있어도 얼이 사라진 리더들이 좀비처럼 춤을 추는 시대다.

송복 교수는 이런 시대의 특성을 그의 저서 『특혜와 책임』(가디언)에서 리더의 위기라고 주장하며 그 위기의 원인은 리더 천민성賤民性에 있다고 설명한다. 리더 천민성의 위기를 조장하고 가장 심각한 그룹이 고위층이라고 설명한다.

갈등과 혼란의 격류 앞에서 우리는 새로운 도약을 위한 뼈대세우기framing을 해야만 한다. 지금의 시대도 그 어느 때보다도 성장을 넘어 성숙을 지향하는 건강한 역동성의 뼈대를 세우려는 프레밍framing이 요구된다. 굳건한 역동성의 프레밍을 한 개인과 조직만이 미래에 살아남을 것이다. 호모사피엔스를 잇는 신인류가 될 것이다.

위대한 번영을 구가한 개인과 조직은 한결같이 성장과 성숙의 역동성을 가지고 있었다. 그것은 성장을 촉진하는 단순한 역동성이 아니다. 성장을 넘어 성숙을 추구하는, 성장 속에 성숙의 철학이 내재된 수퍼역동성super dynamics이다.

역동성 프레밍은 5가지의 원칙으로 구성되어 있다. 3가지의 성장

원칙인 환경역동성, 방향역동성, 실행역동성과 2가지의 성숙원칙인 관계역동성과 가치역동성이다.

성장의 신화 속으로 역사 속에서 무수한 개인과 조직, 국가가 사라졌다. 진정한 번영은 성숙을 통하여 완성된다. 미래의 번영을 모색하는 개인과 조직이 반드시 갖춰야 할, 5가지의 수퍼역동성은 혼란의 시대에 개인과 조직을 일으켜 세우는 담백한 길라잡이가 될 것이다.

"불휘기픈남ㄱ·ㄴㅂ·ㄹ·매아니뮐씨·ᅵ·곶됴코여름하ㄴ·니ㅅ·ᅵ미기 픈므른ㄱ·ㅁ·래아니그츨씨·ᅵ·내히이러바ㄹ·래가ㄴ·니

뿌리 깊은 나무는 바람에 아니 움직일세. 꽃 좋고 열매 많나니 샘이 깊은 물은 가뭄에 그치지 아니할세. 내를 이뤄 바다에 가나니."

– 용비어천가

미래의 번영을 위한 뼈대작업, 역동성 프레밍

아기 돼지 삼형제 이야기를 누구나 알 것이다. 다 큰 아기 돼지 삼형제가 세상 속으로 독립을 한다. 각자 집을 짓기 시작하고, 첫째는 쉽게 지으려고 밀짚으로 집을 짓는다. 둘째는 숲의 나무를 사용하여 집을 지었다. 후다닥 집을 다 지은 두 형제는 튼튼한 벽돌집을 짓느라고 집이 완성되지 않은 막내를 조롱한다.

그러나 배고픈 늑대가 어린 돼지 삼형제를 노리기 시작하면서 상황은 변하기 시작한다. 밀짚으로 지은 집도 나무로 지은 집도 늑대의 입바람과 발길질에 무너져 버린다. 집을 잃은 두 형제는 마침내 튼튼한 벽돌로 프레밍framing을 한 막내의 집에서 평화를 찾는다.

아기 돼지 삼형제는 현대인들의 삶을 표현하고 있다. 쉽게 쉽게 살려는 욕망의 시대에 욕망은 세상의 바람에 좌절을 하기만 하고 삶은 불안과 가벼움에 휘청거린다. 굳건한 벽돌골조의 집을 지은 자는 그가 원하던 평화를 확보한다. 멀리 가려는 자는 벽돌집을 지어야 한다.

오래 갈 집을 지으려면 뼈대가 튼튼해야 하듯이 삶이 흔들리지 않으려면 뼈대가 튼튼해야만 한다. 5가지의 수퍼역동성은 인류를 지탱하여 온 뼈대frame이다. 모든 개인과 조직에 해당되는 뼈대이다.

어떤 모양으로 지을지, 무엇으로 그 뼈대 안을 채울지는 각자의 몫이다. 역동성의 뼈대frame가 세워지지 않은 채 욕망을 쫓는 인생과 조직은 화물을 지탱할 화물칸의 뼈대를 세우지 않은 채 탐욕의 화물을 실은 채 달려가는 화물차와 같다.

흔들려도 쓰러지지 않는 삶을 살려는 사람, 한 두 푼의 돈을 위한 사업이 아니라 독특한 업을 이루려는 사업가에게 필요한 것이 역동성의 뼈대세우기, 프레밍framing이다.

관점으로서의 프레임frame은 신념을 가두고 고정된 관점을 제공하지만, 뼈대로서의 프레임frame은 뼈대세우기 작업인 프레밍framing을 통하여 개인과 조직의 번영을 위한 튼튼한 자유를 제공한다. 모든 생명과 조직이라는 시스템이 풍요로운 채움, 활기찬 창조행위를 할 수 있도록 튼튼한 기둥을 세워주는 것이다.

911 테러 시, 왜 무역센터 건물은 그리도 쉽게 무너졌을까? 이익과 관련된 공간확보의 욕심으로 중앙의 핵심뼈대가 없는 사방의 기

둥이 공간을 받쳐주는 구조로 건설하였기 때문이라고 전문가들은 진단한다. 그 사건 이후 건설된 초고층 빌딩의 기본원칙은 중앙 뼈대의 견고함이다. 웬만한 미사일에도 무너져 내리지 않는 견고한 프레밍framing을 하고 있다.

많은 사람이 무너져 가고 많은 조직과 국가가 흔들리는 시대, 나와 우리의 조직은 어떤 환경에서도 흔들리지 않을 역동성의 프레밍framing을 하고 있는가?

에밀 쿠에와 함께하는 역동성 프레밍

"나는 날마다, 모든 면에서, 점점 더 좋아지고 있다."

Day by day, in Everyway, I am getting better and better.

누구나 한 번쯤 들어 보았을 에밀 쿠에1857~1926의 유명한 자기 암시이다. 무의식의 힘을 일상의 연구에서 발견하고 현실에 적용한 에밀 쿠에의 자기 암시의 힘은 오늘날 다양한 분야에서 그 가치를 인정받고 있다.

역동성 프레밍은 내면의 에너지를 결집시키고 의미에 이름을 찾아주는 작업이다. 내면에 존재하는 자기 에너지의 각성과 변화의 작업이다. 에밀 쿠에의 자기 암시의 힘은 역동성의 원칙을 프레밍하는데 있어서 유용한 길을 제시하고 있다.

역동성의 이해와 공감만으로는 확고한 가치의 뼈대를 세우는데 있어서 한계를 지닌다. 하나의 의미로 다가와서 반복적이고 의식적인 노력을 통하여 무의식에 전달이 될 때, 비로소 역동성 프레밍과 역동성 뼈대 세우기가 가능해진다.

에밀 쿠에의 자기 암시를 적극적으로 역동성 프레밍에 활용하여 보자. 에밀 쿠에는 이야기한다. 의지가 아니라 상상이 답이라고 의지는 상상에 진다고. 의지는 무엇인가가 되겠다는 결정적 상태에 대한 열망이다. 의지는 이렇게 이야기한다.

"나는 부자가 될거야!"

반면에 자기 암시에 있어서 상상은 원하는 어떤 상태로 되어가는 동적인 상태의 표현이다. 자기 암시의 상상은 이렇게 이야기한다.

"나는 점점 부자가 되어가고 있어!"

에밀 쿠에에 의하면 상상이 의지를 이기지만 상상과 의지가 합쳐지면 그 힘은 곱이 된다고 한다. 역동성의 프레밍은 삶의 풍요로움과 번영이 채워질 성전의 기둥을 만드는 작업이다. 에밀 쿠에의 지혜를 빌려 역동성의 뼈대를 세워보자.

"나는 매일매일 매사에 역동적으로 변하고 있다, 매일매일 나는 에너지가 넘치고 주변에 활력을 제공하고 있다!"

수시로 주문처럼, 기도문처럼 조용히 중얼거려보자. 그 기적의 열매는 자신의 몫이다.

패스를 앞으로 못하면 내가 나가면 된다.

비가 오고 눈이 온다고 중단한다면 그것은 럭비가 아니다.

비가 와도 눈이 와도 우리는 간다.

수처작주 隨處作主

"어느 곳에 머물든 그곳의 참된 주인이 되어라!"

−임제(臨濟)선사

성장변수 Progressive

비가 와도 눈이 와도 우리는 간다!

비가 와도 눈이 와도 우리는 간다

한 무리의 선수들이 빗속에서 흙탕물을 뒤집어 쓴 채 볼을 쥔 채 이리 뛰고 저리 뛰며, 때로 쓰러지고 밀어붙이며 경기를 한다. 참으로 격한 운동이다. 럭비란 운동이다.

경기를 마치고 걸어 나오는 선수에게 물었다.

"이렇게 비가 오는데 왜 경기를 하죠?"

담담히 나의 질문에 선수가 답한다.

"비가 온다고 눈이 온다고 중단하면 그것은 럭비가 아니죠. 비나 눈은 우리가 어떻게 할 수가 없잖아요. 비가 와도 눈이 와도 럭비는 중단하지 않습니다."

그 선수의 대답은 충격적이었다.

"여러분에게 전하고 싶은 교훈은 이것입니다. 포기하지 마라. 포기

하지 마라. 절대로! 절대로! 절대로! 절대로! 아무리 작은 일도, 아무리

하찮은 일이라도 명예와 현명한 판단에 의한 것이 아니면 절대로 포기

하지 마라. 상대의 힘에 눌려 포기하지 마라. 상대가 아무리 압도적으

로 우세한 힘을 가졌더라도 절대 포기하지 마라."

-1941년 영국 해로우 고등학교 졸업연설, 처칠

내가 역동성의 아이디어를 잡은 것은 럭비라는 시스템과 만나면서였다. 럭비의 시스템은 세상을 새롭게 해석하는 패러다임을 제공하였다.

럭비선수의 이야기를 다르게 표현하면 이와 같을 것이다.

"세상이 내 뜻대로 펼쳐지지 않는다고 인생을 중단하실 것입니까. 하늘은 특별히 나만을 편애하지 않습니다. 우리는 그저 일이 잘 풀리든 안 풀리든 그 상황을 받아들이고 넘어서기 위한 삶을 묵묵히 걸어갈 것입니다."

이 의지 속에 나약한 인류가 진화의 최고점을 차지한 이유와 문명의 진보를 이룬 단서가 숨겨져 있다.

1997년 IMF 직후에 삼성의 이건희 회장이 동아일보 사설4월 8일자에서 지금 이 시점에서 가장 필요한 것은 몸을 던져서 난관을 극복하는 럭비정신으로 현재의 정신적 패배주의를 극복하는 것이라고 주장한 것은 20여년이 지난 지금의 시점에서도 여전히 유효한 주장이 되고 있다. 그가 그 사설에서 주장한 환경에 굴복하지 않는 환경역동의 정신적 인프라infrastructure가 절실한 시대이다.

이 세상에 나만을 위한 룰은 없다

럭비란 운동을 살펴보면 신기한 장면과 이해 안 되는 장면이 경기 내내 지속된다. 위험을 무릅쓰고 계속 앞의 수비 선수들과 볼을 쥔 선수들이 부딪히는 것이다.

나는 럭비란 스포츠를 관찰하던 시기에 그 장면을 보며 선수에게 물어보았다.

"앞으로 패스를 하면 될텐데, 왜 자꾸 부딪히기만 하지요?"

"선생님, 럭비는 패스를 앞으로 못합니다."

"네? 패스를 앞으로 못한다구요?"

"네, 룰상 프론트 패스는 금지되어 있습니다."

"그럼, 어떻게 전진을 할지요?"

"볼을 잡은 선수가 볼이 되어서 앞으로 나가면 되지요."

너무도 당연하다는 듯 이야기하는 선수의 모습을 보며 나는 한동안 멍했었다. 이것이 인생이구나 하는 생각이 들었다. 이것이 경영이고 리더십이구나 하는 생각이 들었다. 럭비란 시스템은 우리에게 리더십의 본질을 가장 잘 설명해주고 있다.

문제를 당연한 전제로 삼은 채, 문제를 넘어서려는 일련의 행동이 본질인 럭비는 리더십의 본성을 잘 설명하여 주고 있었다.

그 선수의 답변을 상황을 바꿔서 이야기하면 이렇다.

"나만을 위한 룰을 기대하지 마세요. 룰이 불리하면 내가 앞으로 나가면 되잖아요."

> "인생이 힘든 것이 아니라, 당신이 인생을 힘들게 만드는 것이다. 인생만큼 단순한 것은 없다."
>
> -『인생에 지지않을 용기』, 알프레드 아들러, 와이즈 배리

어느 시대든 기대는 좌절을 낳았고 좌절은 분노를 품게 하였다. 그러나 돌이켜 보면 우리가 통제할 수 없는 운運이란 변수는 존재할지언정 우리만을 위한 룰은 존재하지 않았다. 환경에 대한 기대를 넘어 그런 불확실의 환경을 긍정하고 넘어서려는 자기기대만이 승리한 역사의 현장에 우뚝 서있었다.

1000만의 관객이 관람한 영화 '명량'을 기억하는가? 그 영화의 마지막 부문에서 전투가 승리로 끝난 후 승리의 여운을 나누는 판옥선 격군들의 대화를 기억하는가?

"우리 후손들이 우리가 이렇게 고생한 것을 알까?"

"모르면 호로 자식이지."

그 대사는 오늘날에 되새겨봐도 우리가 잊고 산 참 역사의 본질을 생각하게 하는 명대사이다. 역사는 위인전의 신화화된 인물들과 힘을 잡은 자들의 그라운드가 아니라 힘을 만들고 힘의 바탕이 되어주던 민초들의 피와 눈물이 만들어낸 물줄기라는 것을 일깨워주고 있었다.

130여 척의 왜선과 앞서의 칠천량전투에서 조선수군 전멸이라는 패전의 트라우마를 간직한 조선수군 13척의 맞짱. 그러나 두려움을 넘어 죽음을 받아들였을 때 죽음은 삶의 얼굴을 그들에게 보여주었다. 이순신 장군과 수군들이 살기 위하여 그들만의 룰을 기대하였던들 그곳에 삶도 승리도 결코 존재하지 않았을 것이다.

역사는 비정할 정도로, 환경을 회피하려는 자의 것이 아니라 환경을 긍정하고 넘어선 자들의 이야기로 존재한다.

"고통이 우리 삶에 몰려올 때 우리는 그것을 미소로 받아들여야 합니다. 하느님이 우리에게 주시고 또 요구하는 모든 것을 미소로 받아들일 수 있는 용기의 보유, 이것이 하느님이 주신 최고의 선물입니다."

-마더 테레사

환경을 긍정하고 넘어선 자들의 신념, 하카

세계최강의 럭비팀 올블랙스all blacks를 아는가? 세계최강의 럭비
팀은 누가 뭐라고 해도 뉴질랜드 국가대표팀인 올블랙스이다. 오늘
도 그들은 살아있는 전설로서 높은 인기 속에 경기를 펼친다.

그들의 살아있는 전설을 만드는 중요한 특징 중의 하나가 경기 전
펼쳐지는 세레모니인 '하카haka'이다. 하카에 대한 이해 없이 그들의
하카를 보면 그들만의 독특한 세레모니로 보이겠지만 하카의 역사
를 들여다보면 단순한 세레모니 이상임을 알 수가 있다.

하카는 뉴질랜드 원주민으로서 최강의 전사인 마오리족의 전투
춤이다. 영국인들이 그 섬에 들어 오기 전만 해도 부족 간의 전투가
일상이 되어있던 땅이었다. 그 중의 최강 부족이 마오리족이다. 그
들은 위협적 제스처로 소리친다. '까마테 까마테 까오라' 그 외침에
는 삶과 죽음이 여기 있다는 삶이든 죽음이든 피하지 않겠다는 생
사일체의 가치가 스며있다.

'죽음조차도 삶이다'라며 뛰어나가는 그들을 살기 위하여 싸우
는 상대 부족들이 넘어설 수 없었다. 명량의 전투를 승리로 이끈 이
순신 장군의 필사즉생必死卽生 필생즉사必生卽死의 결의에서 우리도 하

카의 외침을 발견한다.

삶의 치열한 전장에 선 현대인들, 우리는 왜 이 전장을 지배하지 못하고 있을까. 우리 안에 하카의 노래가 존재하는가? 실패든 성취든 그 모든 것을 내 삶의 소중한 일부로 받아들이는 하카의 노래가 존재하는가?

아우슈비츠에서의 경험을 기록한 『죽음의 수용소』(청송)를 쓴 빅터 프랭클은 책에서 '고통이란 운명과 죽음과 같이 삶에서 빼놓을 수 없는 일부이며, 고통과 죽음이 없는 인간의 삶이란 완전할 수가 없다'고 이야기한다.

죽음을 피하려는 자에게 생은 없다. 실패를 피하려는 자에게 온전한 성공은 없다. 고객의 거부를 피하려는 자에게 고객의 계약은 주어지지 않는다.

온전히 성공할 일이다. 온전히 살 일이다. 실패와 성취를 성공의 전체로 온전히 받아들이는 온전한 삶의 관점이 필요하다. 거친 말일지라도 길들이는 자에게는 역사를 이룰 용마가 되고 거칠고 드센 땅이라도 다스리는 자에게는 스위스같이 아름다운 복토가 된다.

"유전이나 성장 배경은 그저 '재료'에 지나지 않는다. 그 재료로 불편한 집을 지을지 편안한 집을 지을지는 우리 손에 달려있다."

-『인생에 지지않을 용기』, 알프레드 아들러, 와이즈베리

오늘도 도전의 무리는 달려오고 삶을 성공으로 만드는 자들은 그 모든 것을 자신의 삶으로 받아들이고 다스리며 걸어간다. 그리고 그 시련을 복으로 만들어 간다.

까마테 까마테 까오라!

가장 확실한 미래의 자원은 불확실성이다

누구나 불확실을 이야기하고 있다. 불확실의 두려움에 벗어나려고 불빛을 쫓는 불나방처럼 안정을 추구하고 있다. 역설적으로 그 안정은 더 큰 불확실성을 우리에게 보여주고 있다.

불확실성이 이 시대만의 화두일까?

불확실성은 우주의 본질이다. 생명은 본질적으로 불확실성을 연로 삼아 살아가는 존재이다. 시스템의 속성은 불확실성이다. 조직은 시스템이고 시스템은 소멸의 명제를 안은 채 유지되어진다.

이세상에서 가장 확실한 진실은 미래는 불확실하다는 것이다. 역설적으로 불확실은 가장 큰 희망이다. 가장 큰 희망은 가장 큰 불확실 속에서 타오르는 불꽃이다.

"침체는 기회를 만들어줄 것이다

(Recessions will create opportunities)."

-워렌 버핏

신의 관점에서 가장 어리석은 인간은 불확실성을 피해가려는 자일 것이고 불확실성을 부정하는 자일 것이다. 우리 앞에 펼쳐지는 희망이라는 질서는 불확실성이 낳은 결과물이다. 삶이란 불확실의 공간을 의지의 불꽃이 밝히며 걸어가는 여정이다.

"미래를 예측하는 가장 좋은 방법은 미래를 창출하는 것이다."

-피터 드러커

불확실한 미래는 역동적 삶의 리더에게는 검은 장막으로 가려진 채 잠시 후면 보여줄 가슴 뛰는 공연으로 여겨지지만 역동성을 상실한 삶을 사는 자에게는 자신의 현재를 변명하는 어두운 장막이라는 자기합리화의 수단으로 보일 뿐이다. 생각을 돌리면 그것이 설사 고난일지라도 화려한 뮤지컬과 황금빛 엘도라도로 상상되어지는 내일은 얼마나 가슴 설레이는 기다림의 대상인가.

불확실성은 경영의 가장 큰 자원이다. 불확실성은 리더십의 근거이다. 진정한 경영을 하고 싶다면 진정한 리더십을 발휘하고 싶다면 시작은 불확실성과의 악수로부터이다.

리처드 다베니Richard A.Daveni교수는 '환경이 더욱더 동태적으로 변하고 불확실성이 증대될수록 불확실성은 축소해야 할 대상이 아니라 적극적으로 키워나가야 할 대상이며, 긍극적인 게임의 승자는 단순히 시장점유율이 높은 기업이 아니라 주도적으로 앞장서서 불확실성을 만들어 나가는 기업이다동아비즈니스포럼 2013'라고 주장한다.

불확실성이 경영의 가장 큰 자원으로서 의미가 있는 것은, 블루오션blue ocean이라는 기회 차원에서 모두가 불확실이라는 공정한 환경에서 유지하고 출발하기 때문에 새로운 비즈니스 모델과 가치를 발굴할 기회의 공정성과 가능성이 높기 때문이며 다른 측면은 경쟁의 차원에서 상대가 이쪽의 전략을 정확히 파악하고 대응할 수 있는 가능성의 희박성에 있다. 어쨌든 불확실성은 도피할 대상이 아니라 경영상의 새로운 가치와 경쟁력을 강화해 나갈 수 있는 새로운 기회로서의 역할을 제공한다.

"경쟁이 치열한 레드오션에 비해서 블루오션은 아직 존재하지 않는 시장, 미지의 시장공간이다."
　　　-『르네 마보안의 블루오션 전략』, 김위찬, 나카노 아키라, 비즈니스맵

미래의 불확실만이 가장 확실한 진실이고 자원이라면 우리들의 인식과 대응은 보다 혁신적인 방향으로의 변화를 모색해야만 한다. 불확실의 패러다임이 바뀌지 않는 한 미래도 희망의 얼굴을 드러내지 않을 것이다.

"미래는 결코 투명하게 내다보이지 않는다. 정확한 예측을 하기 위해서는 주식시장에 많은 대가를 치뤄야 한다. '불확실성'은 장기투자자의 친구이다."

-워렌 버핏

격류를 피하려는 자는
격류를 즐기는 자를 넘어설 수 없다

래프팅을 해본 적이 있는가? 래프팅을 즐기는 자는 얇고 잔잔한 여울물을 기대하지 않는다. 여울구비를 넘어서 어떤 격류가 펼쳐질지 모르는 격한 물살의 역동성을 희망한다. 삶도 마찬가지이다.

위대한 성공은 바짝 말라 붙은 강 위를 아무런 리스크 없이 보트를 들고 터벅터벅 걸어가는 자의 모습으로 오지 않는다. 위대한 성공은 불확실성이라는 리스크를 대범하게 받아들인 자들의 역사다. 그런 측면에서 불확실성은 인류의 축복이다.

토인비는 '역사의 연구'에서 인류의 문명이란 축복을 불확실의 도전에 대한 인류의 능동적 응전의 과정 속에서 발생한 결과물로 설명하고 있다. 이를 지지하는 근거의 하나로 고전학자 메이어의 다음과 같은 주장을 인용하고 있다.

"끝까지 불리한 조건 밑에서 살아가겠다는 결의라고 하는 것이 진보의 역설적 진리이다. 난관을 뚫고 인간이 된 영장류는 나무열매가 익지 않을 때 대신 고기를 먹은 무리, 햇빛을 쫓아가는 대신 불과 의복을 만든 무리, 서식장소에다 견고한 방비를 구축하고 아이들을 훈련시켜 비합리적으로 보이는 세계의 합리성을 입증한 무리였다."

-메이어

여전히 오늘도 우리는 불확실의 도전 앞에 서있지만, 앞서왔던 우리의 인류가 물려준 응전의 DNA를 믿고 환경 앞에 맞서면 새로운 문명이란 인류의 축복을 누리게 될 것이다.

성공의 과실은 불확실성을 받아들이고 넘어서는 자, 자신 속에 내재된 응전의 DNA를 확신하는 자, 환경에 대한 역동적 반응을 하는 자들의 몫이다.

그 누구도 오늘 같이 있음을 이야기하지만 내일 함께 있을 것을 보장하지는 못한다. 너와 나의 환경에 대한 의식과 반응의 환경역동성이 다르기 때문이다.

래프팅의 격류처럼 생각하고 격류를 즐겨라. 그 누구도 즐기는 자를 넘어설 수는 없다. 피해갈 수 없는 환경의 역경, 누군가에게는 기다림의 설레임이지만 누군가에게는 두려움의 초조함이다.

환경역동성은 성공 리더십의 캔버스이다

인생과 조직에서 새로운 가치를 만들어내고 세상이 존경하는 사람들과 조직들이 보여주는 공통적 특성이자 첫 번째 관문이 환경역동성이다.

'개천에서 용난다'라는 표현 또한 환경역동성을 가진 인물들의 특성을 잘 표현하고 있다. 물론 개천용이 사라졌다고 하지만 여전히 어디선가는 개천이 아닐지라도 한적하고 쓸쓸한 외진 곳에서 오늘도 내일의 역사들이 웅비를 꿈꾸며 꿈틀대고 있다. 그것이 그대의 이야기일 수도 있다.

개인과 조직의 역사를 만드는 자들은 공통적으로 역동적 환경인식구조를 가지고 있다. 그들의 외면만으로는 그들의 위대성을 읽어낼 수가 없다. 그러나 환경이라는 주제를 가지고 그들과 이야기하고 그들의 발자취를 되짚어 보면 평범의 세계에서 그들 스스로를 비범으로 이끄는 환경에 대한 역동적 인식구조를 발견할 수가 있다.

환경역동성은 주어진 환경을 냉정히 받아들이며 불확실한 미래를 긍정하고 능동적으로 극복하려는 환경에 대한 인식과 대응의 태도를 의미한다.

태풍을 이긴 벌판에 황금벌판이 펼쳐지듯이 위대한 성과의 역사 앞에는 반드시 지난한 장애와 특별한 불확실성이 통과의례처럼 등장을 한다.

리더가 온전한 리더십을 발휘할 수 있는지 그 사회나 조직이 위대한 성장을 만들 수 있는지를 보려면 그들과 그 사회의 구성원들이 그들 앞에 놓인 환경을 대하는 태도를 살펴보면 알 수가 있다.

평범한 리더는 그 앞에 놓인 문제에 집착하지만 역동적 리더는 문제를 넘어선 자신과 조직의 이미지에 집중한다. 문제에 위축된 리더가 문제를 장악할 수는 없다.

정주영 회장이 울산의 불모지에 한민족의 역사이래 처음 해보는 대형 조선소를 건설할 때 대부분의 사람들이 불안과 불확실 앞에서 문제를 제기했지만 그때 그 분이 한 말이 '해보긴 해봤어!'였다는 일화는 유명하다. 이 또한 환경의 불확실성에 위축되는 평범의 세력들에게 그 상황에 능동적으로 부딪치라는 환경역동적 리더의 행동 사례이다.

"담담한 마음을 가집시다. 담담한 마음은 당신을 굳세고 바르고 총명하게 만들 것입니다."

-정주영 회장

지금 당신은 어떻게 불확실성을 대하고 있는가. 99%의 불확실도 우리의 인생이고 1%의 확실도 우리의 인생이다. 온전한 삶이란 자신의 모든 환경을 긍정하고 품고 넘어서는 삶을 의미한다. 삶의 본질인 불확실성을 품지 않고서는 확실과 안정은 산출되지 않는다. 환경에 대한 그대의 담대함이 위대함의 시작이다.

환경에 대한 담대함은 환경의 불확실성에 대하여 긍정하는 것이다. 환경의 불확실과 역경에 대하여 삶의 일부로 받아들이는 것이다. 역경에 집착하지 않고 궁리하고 연구하여 넘어서는 것이다. 역경에 대하여 경거망동하지 않는 것이며, 역경을 넘어선 기쁨에 희희낙락하지 않는 것이다. 수시로 바람 바뀌는 봄날의 요동치는 수양버들 바라보듯 의연함을 잃지 않는 것이다.

이순신 장군을 위대하다고 평하는 것은 그의 23전 23승의 성과에 대한 호평만이 아니다. 모함과 조정의 관심부족 그리고 모진 고문과 개인적 불행 등 끝없는 역경 속에서도 그 환경을 극복한 한 인간에 대한 존경의 표현이다.

이순신 장군은 고문으로 성하지 못한 몸으로 백의종군의 길을 떠나 고향 아산에 들렀던 중 어머니의 상을 당한다.

"일찍 길을 떠나며 어머님 영 앞에 하직을 고하고 울며 부르짖었다. 어찌하랴, 어찌하랴, 천지간에 나 같은 사정이 또 어디 있을 것이랴. 어서 죽는 것만 같지 못하구나."

-『난중일기』, 이순신

어머니의 상마저 제대로 치르지 못한 채 최악의 환경으로 다시 떠났다. 죽음이 기다리는 남쪽의 바다로 모든 것이 피폐해진 한 인간이 떠나갔다. 모두가 두려움에 도망갈 때, 몸으로 죽음의 바람을 앞장서 맞으며 전장을 지배하였다.

"지금 신에게는 아직도 12척의 전선이 있습니다. 죽을 힘을 다해 싸우면 오히려 가능한 일입니다. 비록 저의 전선이 적으나, 보잘 것 없는 신이 죽지 않는 한 적이 감히 우리를 업신여기지 못할 것입니다."

-『충무공 이순신 행장』, 최우해

위대한 리더십의 시작은 환경에 대한 담대한 의지에서 출발한다. 전략도, 관계도, 지식도 다음의 문제이다. 담대한 환경의지는 리더의 그릇이기 때문이다. 환경역동성은 모든 성공적 리더십의 그림이 시작되는 캔버스이다.

"비록 유럽의 드넓은 영토와 유서 깊은 국가들이 파괴되고 게슈타포의 손아귀에 들어가 나치의 통치를 받는 비참한 부속품으로 전락하고 있지만 우리는 포기하지도 좌절하지도 않을 것입니다. 어떤 희생을

치르더라도 조국을 지켜낼 것입니다. 우리는 해변에서도 싸우고 상륙
지점에서도 싸울 것이며 들판에서, 시가지에서, 언덕에서도 싸울 것입
니다. 우리는 결코 항복하지 않을 것입니다."

-처칠, 1940년 6월 4일 하원 연설

긍정주의자가 되지 말고
낙관적 현실주의자가 되자!

메트라이프 생명보험의 CEO였던 존 크리돈에 의하면 보험회사
영업사원의 절반이 1년 안에 직장을 떠나고 4년이 지나면 80%가
직장을 떠난다고 한다. 원인은 시장에서 부딪히는 고객이란 환경의
역경에 대부분이 스트레스를 받고 그 역경을 극복하지 못하고 물
러난다는 것이다.

그렇다면 살아남는 승리자 20%는 누구일까? 존 크리돈은 그들
을 '고객이 주는 역경에 좌절하지 않고 그래도 꾸준히 전화를 하고
기죽지 않는 사원'이라고 정의한다. 즉, 환경에 기죽지 않는 환경역

동성이 높은 사람이다.

이들을 긍정심리학에서는 낙관성이 높은 사람이라고 설명한다. 마틴 셀리그만에 의하면 낙관주의자와 비관주의자를 가르는 것은 자신의 존재를 가치 있는 존재로 인식하는가, 아니면 하찮은 존재로 인식하는가에 달려있다고 한다.

마틴 셀리그만은 이야기한다.

"삶이 우리에게 지우는 좌절과 비극의 짐은 낙관자주의자든 비관주의자이든 크게 다르지 않다. 다만, 낙관주의자가 그것을 더 잘 견뎌낼 뿐이다."

-마틴 셀리그만

중요한 메시지이다. 그러나 환경역동성은 단순한 긍정과 희망에 바탕한 낙관주의자들의 이야기가 아니다. 미래학자인 마티아스 호르크스는 낙관주의는 원칙적으로 수동적 태도로서 어떻게 되든 모든 것이 잘될 것이라고 믿게 하는 구조를 가지고 있다고 말한다. 그럼으로써 큰 실패를 유발할 가능성이 높으며, 그는 이를 자신의 노력부족을 정당화하는 '웅대한 환상'에서 비롯된다고 주장한다.

(『변화의 미래』, 마티아스 호르크스, 한국경제신문)

환경역동성은 단순한 긍정주의가 아니라 철저한 낙관적 현실주의자를 요구한다. 낙관적 현실주의자의 개념은 스톡데일 패러독스에서 유래하였다.

스톡데일 패러독스Stockdale Paradox란 '냉혹한 현실을 냉정하게 받아들이면서도 다른 한편으로는 최종 승리에 대한 흔들림 없는 믿음을 가지고 냉혹한 현실을 이겨내는 모순성을 의미한다. 스톡데일 패러독스란 명칭은 베트남 전쟁이 한창일 때 '하노이 힐턴' 전쟁포로 수용소에서 1965~1973년까지 모진 고문을 받으며 독방수감을 당하며 갇혀 있다가 풀려난 미군 최고위 장교이던 짐 스톡데일Jim Stockdale장군의 이름에서 유래되었다.

스톡데일은 짐 콜린스와의 대화에서 자신이 그 상황을 극복한 비결을 자신의 석방에 대한 당연스런 믿음의 태도와 그 결과를 자신의 좋은 전기로 삼겠다는 반복적 자기다짐 때문이었다고 설명한다. 반면에 고난을 극복하지 못한 사람들이 비관론자가 아니라 낙관주의였다는 충격적인 설명을 한다. 그는 낙관주의자들을 일정 시점에 희망을 걸은 채 반복적으로 낙담과 새로운 희망을 반복하던 사람들이라고 표현한다. 반복적 실망과 낙관이 스스로를 지쳐가게 하고 어느 시점에 그들은 모든 것을 포기한 채 죽어갔다고 한다. '결국에는 성공할 거라는 믿음, 결단코 실패할 리 없다는 믿음과 그게 무엇이든 눈앞에 닥친 현실 속의 가장 냉혹한 사실들을 직시하는 규율' 그는 이것이 가장 중요한 메시지라고 짐 콜린스에게 말한다.

낙관주의자가 된다고 삶의 고난이 사라지는 것은 아니다. 중요한 것은 현재 환경이든, 미래의 불확실성이든 고통과 두려움에서 도피하려는 방편으로서의 비현실적 낙관주의는 환경역동성이 아니다. 환경역동성을 가진다는 것은 마틴 셀리그만의 주장처럼 환경을 바꾸는 것이 아니라 환경에 대한 능동적 해석과 극복을 의미한다.

"아버지, 만약 실패해도 간단히 해결할 수 있어요! 긴 복도에 방이 잔뜩 달려 있잖아요? 실패하면 언제라도 병원 건물로 팔면 되요."
-월트 디즈니, 월트 디즈니의 아버지가 새로 짓는 스튜디오의 규모를 보고
걱정스럽게 '망하면 어떡하냐?'라고 걱정을 했을 때

환경역동성은 스톡데일 장군의 이야기처럼 철저히 환경을 직시하며 긍정적 미래의 의지를 놓치지 않는 태도를 의미한다. 발은 땅을 굳세게 디디고 눈은 하늘을 향하는 낙관적 현실주의자의 모습

을 이야기한다. 현실도피로서의 감성적 몰핀작용을 하는 긍정주의자들의 모습을 의미하지 않는다. 현실에 대한 수용과 각성이 전제되지 않는 낙관주의는 좌절만 안겨준다.

패배와 배신의 상황에 몰려 분노가 우주를 다 삼키는 상황이 펼쳐질 때 낙관적 현실주의자는 '나는 지지 않았어. 나는 배신당하지 않았어'라고 외치는 자가 아니다. 그들은 땅에 발을 굳건히 디딘 채, 하늘을 쳐다보며 이야기하는 자들이다.

"그래. 나는 인정해. 내가 지금 졌다는 것을, 내가 세상에 버림받았다는 것을, 그러나 나는 결국 다시 승리할 것이고 세상은 나를 위한 노래를 부르게 될 것이다."

"후퇴라니! 우리는 다른 쪽으로 공격중이라구!"

- 중공군의 기습으로 많은 희생자를 냈던 장진호 전투에서 미 해병 1사단장 스미스 장군에게 어느 영국기자가 던진 후퇴작전이냐는 질문에 대한 답변

불안과 불확실의 시대에 가장 평범하지만 가장 중요한 삶의 태도는 하카Haka 세레모니를 하는 마오리족처럼 눈앞에 존재하는 현실을 받아들이고 넘어서겠다는 철저한 현실주의자, 그러나 미래의 긍

정을 확신하는 낙관적 현실주의자가 되는 것이다.

불확실성이 가속화되고 증대되는 것은 우주의 물리적 원리이다. 그러나 그럼에도 불구하고 사람들은 행복할 것이고 여전히 성공은 피어날 것이다. 사람에게는 현실을 긍정하고 현실을 극복하려는 환경역동성이라는 위대한 특성이 있기 때문이다.

가끔 스트레스가 다가설 때 외쳐보자.

"그래, 삶은 힘들어. 힘드니까 살아 있는 것이야. 그러나 나는 이를 받아들이고 오늘도 넘어설 것이야."

어떤 개인이든 조직이든 이와 같은 낙관적 현실주의자의 울림이 넘칠 때 발전이란 길을 세상이 열어준다. 진짜로 살아있는 순간은 여기까지이다.

역경에 맞선 태클이 역량을 만들어낸다

어린 시절 어려웠던 내용이 세월이 흘러 다시 보면 너무도 쉽고 어린 시절 무거웠던 물건이 나이가 들어서 들어 보면 너무도 가볍다. 어떤 대상이 더 이상 버거운 존재로 느껴지지 않는 것은 무슨 이유인가?

불편하고 어려워서 역경으로 인식되던 과거의 역량수준을 넘어섰기 때문이다. 역량은 어떻게 형성되는 것인가? 한계가 만드는 역경에 대하여 지속적이고 자발적으로 자극을 제공한 결과, 한계극복의 힘이 축적되는 것이 역량이다.

럭비선수들은 수비든 공격이든 장애물에 대하여 적극적으로 부딪쳐 극복하는 기술인 태클을 사용하여 활로를 만든다. 삶이란 경기도 마찬가지이다. 일상의 한계, 역량의 부족 등으로 표현되는 역경이란 장애에 능동적으로 태클tackle을 할 때 역량이란 근육이 만들어진다.

삶에서 지속되는 배우고, 운동하고, 창조하며, 문제를 해결하는 모든 과정이 환경에 대한 적극적 태클이다. 환경역동성이 큰 사람은 환경의 도전에 적극적 태클을 시도한다.

역경에 능동적으로 대면하려는 태클역량을 가진 사람은 회복탄력성이 높다. 회복탄력성은 낙관주의와 유사한 개념이다. 회복탄력성은 흡사 아이들의 완구인 탱탱볼과 같다. 바닥에 떨어트리면 그 충격을 에너지 삼아 오히려 더 세게 튀어 오른다. 삶의 좌절을 기억하지 않는 유치원생들의 깔깔거림처럼 삶이 생기로 넘치는 사람들의 모습이다.

회복탄력성이 낮은 사람들은 탱탱볼이 아니라 볼링공처럼 그대로 떨어져 튀어 오르지 않는 모습을 보여준다. 역경에 대한 태클의 에너지가 소진된 상태이다.

회복탄력성RQ: resilience quotient은 심리학자 에이미 워너 교수에 의하여 발견된 개념으로 크고 작은 다양한 역경과 시련과 실패를 오히려 도약의 발판으로 삼아 더 높이 튀어 오르는 마음의 근력을 의미한다.

환경속성이 불확실성과 역경의 연속성에 있다면 우리는 무엇을 준비해야만 하는가? 적극적 환경에 대한 태클을 통하여 몸의 근력을 키우듯 수시로 마음의 근력을 키우는 길밖에 없다.

감사하기, 긍정적으로 해석하기, 정서적 자신감을 지지하기 등을 위한 운동은 회복탄력성을 키우는데 있어서 중요한 실천행동이다.

회복탄력성과 유사한 개념이 펜실베니아대학교의 심리학과 교수인 엔젤라 더크워스가 제시한 그릿Grit이라는 개념이다. 그릿은 성공한 사람들에게서 발견되는 특성으로서 열정과 결합된 끈기를 나타낸다고 한다. 굳이 우리말로 번역한다면 투지라고 표현하는 것이 옳을 것이다.

그의 연구에 의하면 성공은 능력이 아니라 역경이 몰려오고 다른 관심사항이 유혹을 하더라도 외부의 부정적 자극에 흔들리지 않은 채, 끈기있게 지속하는 그릿이라는 태도를 확보할 때 가능하다고 한다. 당신과 당신 조직의 성공에 있어서 무엇을 할 것인가 중요한 것이 아니다. 어떤 방식으로 대응할 것이냐가 중요한 것이다.

하나의 인간과 조직이 성장하는 데 있어서 중요한 것은 끝없이 주어지는 다양한 차원의 자극인 역경에 대하여 적극적으로 마주하고 자발적 자극을 통하여 역량의 근육을 키우는 것이다. 역경은 개인과 조직을 성장시키고 문명을 탄생시키는 촉매제 역할을 한다.

심리학자 스티븐 조지프는 삶의 불확실성과 모순들을 인생의 기본적인 원칙으로 받아들이고 자신도 다른 사람들과 마찬가지로 불행이나 아픔, 슬픔, 후회, 실망, 괴로움을 겪을 수 있다고 생각하는 사람은 어려운 시기를 더 잘 견딜 수 있다고 주장한다. 또한 이들은 특별한 힘을 발휘할 수 있는데 이와 같이 위기가 사람을 강하게 하는 효과를 그는 '외상후 성장post traumatic growth'이라고 정의한다. (『불확실한 날들의 철학』, 나탈리 크납, 어크로스)

토인비가 문명은 환경의 도전에 대한 응전 속에서 형성되었다고 설명하듯이 역사상 업을 이룬 제국 또한 대부분이 역경의 바람 앞에 노출되었던 변경에서 발생하였다. 이는 역경이 제공하는 성장이 개인뿐만 아니라 국가나 조직에도 유효하다는 것을 보여준다.

> "변경사람들은 열심히 제국을 건설하려고 했는데, 변경에서 멀리 떨어진 지역에서는 그런 노력이 전혀 없었다. 변경과 새로운 팽창주의 국가들 사이에는 밀접한 관계가 있다."
>
> ─『제국의 탄생』, 피터 터친, 웅진지식하우스

미래는 오늘의 역경을 긍정적으로 해석하고 적극적으로 대응하는 태클이 존재하느냐에 따라 결정된다. 역경의 자극에 스스로 뛰어들지 않는 자에게 역량의 근육이 만들어 질 수는 없는 것이다.

"내가 기업가로 크게 성공한 비결은 하늘이 준 3가지 은혜 덕분입니다. 첫째, 몹시 가난해서 어릴 적부터 구두닦이, 신문팔이 같은 고생을 하면서 많은 경험을 쌓을 수 있었고 둘째, 태어났을 때부터 몸이 몹시 약해서 항상 운동에 힘써 왔으며 셋째, 초등학교도 못 다녔기 때문에 세상의 모든 사람을 다 스승으로 여기고 열심히 배우는 일에 게을리하지 않았습니다."

-마쓰시타 고노스케

무엇이 우리의 삶을 비범과 평범으로 가르는가?

누구나 3kg 이내로 태어난다. 모든 생명은 열역학 제1법칙이 설명을 하여주듯 똑같은 에너지 수준을 품은 채 태어난다. 그러나 삶을 통하여 인생의 결과는 제각각이다. 제각각이기에 세상은 다양성의 편리를 누릴 수 있지만 그 다양성의 주체는 불행감과 행복감의 사이에서 갈등한다.

나는 왜 이럴까? 무엇이 문제일까. 우리들의 미래를 결정할 그 중요한 차이는 무엇일까. 우리는 그 단서를 삶에서 많은 것을 창조한 사람들의 사고방식에서 찾아볼 수가 있다.

대표적인 인물이 현대를 만든 정주영 회장이다. 그는 떠났어도 그가 뿌린 기업의 씨앗은 세계 여기저기서 많은 사람에게 삶의 기회를 제공하여 주고 있다. 그는 누구인가? 초등학교 4학년이 학력의 전부. 가난 그리고 수많은 사업의 실패, 그러나 그에게는 남부럽지 않은 환경역동성의 보물이 있었다.

환경을 탓하지 않고 묵묵히 앞으로 걸어나가 환경에 지배당한 채 살아가는 수많은 사람에게 보다 나은 미래를 보여주던 개척자가 그의 모습이다.

그는 생전에 그의 아들들과 함께 새벽 5시면 일어나 자택이 있는 청운동에서 계동 본사까지 걸어서 출근을 하곤 하였다. 그 당시의 사진을 들여다 보면 맨 앞에 걸어가는 그의 모습에는 설레임에 찬 젊은 기운이 펄펄 살아 넘친다.

그는 자서전에서 이런 말을 한 적이 있다.

"나는 내일을 생각하면 가슴이 설렌다."

이 말 속에서 우리는 삶의 비범과 평범을 가르는 단서를 발견할 수가 있다. 지금 이 순간 이 글을 읽는 그대는 내일을 생각하면 과연 가슴이 설레이고 기다림이 몰려오는가? 대부분의 사람들에게 내일은 설레임의 대상이 아니다. 피해가고 싶은 원치 않은 시간의 몰려옴으로 인식되곤 한다.

누구나 내일이라는 그라운드가 존재한다. 중요한 것은 그라운드에 대한 인식이다. 내일의 그라운드를 기다리는 자에게 그라운드는 신나는 자기표현의 장이 된다. 그러나 내일의 그라운드를 회피하려는 자에게 내일의 그라운드는 기회의 장이 아니라 고난의 장이다. 우리는 경기가 시작되기 전에 승패가 나는 삶을 산다. 승패는 그라운드에 있지 않다. 비범한 자는 경기 전에 이미 이기고 들어가지만 평범한 자는 그라운드에 들어서야 승리를 생각한다.

75%의 승률을 자랑하는 살아 있는 전설, 뉴질랜드의 자부심, 뉴질랜드 럭비 국가대표 올블랙스all blcks는 경기 전에 그라운드를 지배하는 세레모니를 한다. 그것이 마오리 전사들의 세레모니인 하카haka이다. 삶과 죽음이 결국은 하나이고 그것이 나의 삶이라는 '까마테 까마테 까오라 까오라'라는 외침은 그들로 하여금 경기 전에 경기를 지배하게 만든다.

완전한 자기 플레이가 있어도 그라운드 장악을 장담하지 못하는

데 하물며 그라운드를 피하려는 이에게 그라운드가 자리를 내줄 리 만무하다.

내일에 대한 사람들의 인식이 내일의 비범과 평범을 만든다.

환경역동성의 구루 정주영이 말한다.

"이 사람들아. 길을 모르면 길을 찾고, 길이 없으면 길을 닦아야 지. 성패는 일하는 사람의 자세에 달린 거야. 시련은 있어도 실패 는 없어."

"누구나 자기 나름의 꽃이 있다. 다 꽃씨를 지니고 있다. 그러나 옛 성인이 말했듯이 역경을 이겨내지 못하면 그 꽃을 피워낼 수가 없다. 하나의 씨앗이 움트기 위해서는 흙 속에 묻혀서 참고 견디어 내는 인 내가 필요하다. 그래서 사바세계, 참고 견디는 세계라는 것이다. 참고 견딜만한 세상, 여기에 삶의 묘미가 있다."

-법정

지혜로운 자는 공포가 몰려 올 때 투자를 한다

개발이 이뤄지고 있는 곳을 가볼때 마다 누구나 그런 생각을 한다. 이럴 줄 알았으면 그때 땅 한 평 사둘 것을. 지금 가치가 있는 것은 그 옛날에는 하찮은 것들이 대부분이었다.

지혜로운 투자자들은 순풍이 불어옴을 알고 배를 띄운다. 그러나 큰 투자자들은 폭풍이 몰아쳐 올 때 배를 산다. 시간이 지난 뒤 뒤돌아보면 기회는 항상 평등하게 우리들 곁에 있었다는 것을 발견한다. 그러나 대부분의 사람들은 기회를 순풍의 호조건 속에서 찾는다. 모든 배들이 몰려있는 어장에서 물고기를 찾는다.

1998년의 정부와 기업의 방만한 금융정책과 경영이 불러온 외화부족 사태인 IMF사태, 2007~2008년까지 걸쳐서 미국의 초대형 모기지론 대부업체들의 파산서브프라임 모기지 사태: subprime mortgage crisis으로부터 시작된, 전세계적인 신용경색 사태인 세계금융위기는 대한민국과 세계인의 삶을 위축시킨 역경이었다

10년 주기의 경제위기는 위기의 순환성, 위기의 일상성을 보여준다. 그리고 그 시점과 현재의 비교관찰을 통하여 위기가 품은 기회의 가치를 발견해낼 수가 있다.

"모든 역경의 한가운데는 기회의 섬이 있다."

-미국격언

IMF사태 때의 KOSPI<small>KOrea composite Stock Price Index: 1980년 1월 4일 주가기준</small> 비교지표 지수는 1997년 12월 3일 국제통화기금<small>IMF</small> 구제금융 합의 당시 379.31으로 떨어진 후 다음해 6월 16일에는 최저점인 280.00을 기록하였다. 2007년 7월에 2,000선까지 돌파했던 KOSPI는 2008년 세계금융 위기시 892라는 대 폭락장을 연출하였다. 그리고 2018년 1월의 KOSPI는 2,500을 유지하고 있다.

2건의 경제적 역경사건과 KOSPI 정보가 설명해주는 것은 기회는 공포 속에 있다는 것이다. 큰 부자들은 공포의 골짜기에서 탄생한다. 역경이 갖는 기회를 경제적 지표로 비교하고 설명하였지만 모든 성공의 출발은 위기와 불황속에서 출발을 한다는 것을 쉽게 발견할 수 있다. 래프팅의 프로는 격류를 기뻐하고 큰 부자는 경제적 공포를 기다린다.

해가 뜨기 전이 가장 어둡고, 터널을 빠져나가기 직전의 어둠이 가장 깊다. 어둠과 공포는 인생의 큰 경영자들이 배를 구입하는 시기이다. 기회는 공포라는 최악의 역경 속에서 탄생한다. 명동의 땅값이 아무리 비싸도 10년이 지난 뒤 뒤돌아보면 그때가 가장 쌌다는 것을 알게 된다. 누구나 지금의 시간이 지금의 환경이 인생의 가장 좋은 투자기로 존재한다. 게다가 공포마저 존재한다면 그것은 의미 있는 하늘의 축복일 것이다.

> "빛은 어둠 속에서 더욱 빛난다. 우리는 어둠 속에서 빛을 지각한다. 이런 가르침이나 빛을 사람들이 이용하지 않는 한 무슨 소용이 있겠는가? 사람들은 어두움이나 고통 속에 있을 때 빛을 보게 될 것이다."
>
> -마이스터 에크하르트

우리의 손에 환경역동성이라는 인류계속성의 바통이 쥐어져 있다

무기력을 꿈꾸는 사람은 없다. 삶의 정체를 꿈꾸는 사람은 없다. 그러나 활력을 유지하기보다는 무기력으로의 이동이 더욱 쉽다. 생명이기 때문이고, 생명은 시스템이기 때문이다.

모든 생명에는 엔트로피entropy의 에너지가 작용한다. 엔트로피는 질서에서 무질서를 향한다. 그 어떤 사람도 그 어떤 조직도 무질서를 향하는 엔트로피의 도전을 피할 수는 없다.

그러나 엔트로피는 관리될 수 있다. 무질서와 무기력의 엔트로피가 절망이라면 능동적 자기 관리와 높은 도덕성, 청렴 등의 다양한 항 엔트로피 활동은 희망으로 자리한다.

우리들 삶과 조직에는 2개의 힘이 충돌한다고 심리학자인 레빈 Kurt Lewin은 역장force field이론을 통하여 설명한다. 하나는 긍정적 변화를 촉진하려는 힘force이고 다른 하나는 긍정적 변화에 저항하는 힘이다. 2개의 힘이 충돌하여 균형이 이뤄지는 지점에서 현재의 내가 존재한다.

삶과 조직은 변화추구와 변화저항의 두가지 힘이 줄타기하는 그라운드이다. 그런 차원에서 자기관리와 조직관리는 두가지 힘에 대한 관찰과 관리의 활동이다. 변화추구의 힘이 변화저항의 힘에게 지지 않는 상태를 만들기 위한 일상의 노력이 관리이다.

당신은 현재의 상태에 만족하는가?

현재의 상태에 대한 만족과 불만은 어떤 힘이 인생의 장field에서 대세를 차지하고 있느냐에 달려 있다. 당신이 인생의 주인이라고 주장한다면 변화저항의 무기력이 변화를 추구하는 역동성의 의지를 지배하지 못하도록 통제할 책임이 있다.

삶에 정체하지 않겠다는 의지, 삶의 전진을 멈추지 않겠다는 의지, 적당히 타협하며 살지 않겠다는 의지, 지금의 상태에 감사할지 언정 만족하지 않겠다는 일상의 반복적이고 습관화된 의지는 역동성의 엔진을 돌리는 연료이다.

2002년 한국축구를 월드컵 4강으로 이끈 히딩크는 말했다.

"I'm still hungry."

적당한 수준에 안주하지 않겠다는 내면의 의지를 천명한 것이다. 그의 의지에 힘입어 한국은 2002년의 그라운드를 지배하였다. 신화가 되고 역사가 된, 역동의 2002년이 창조되었다.

희망과 절망을 보듬으며 걸어가는 삶이 역동성이다. 환경역동성은 생명의 질서를 향한 변화의 몸짓이다. 그럭저럭 안정적인 시간의 삶을 살다 죽으려는 것이 삶의 목적인 사람들, 그런 삶을 꿈꾸는 사람들의 이야기가 아니다. 자신에게 주어진 인류의 소명, 인류지속의 바통을 인식하고 그 역할을 다하려는 사람들의 이야기이다. 또한, 다음 시대의 본이 될 사람들의 이야기이다. 인류의 지속과 번영의 책무를 진 생명들의 신성한 의무이고 권리이다.

인류의 운명을 만들어 온 환경에 대한 긍정과 극복의 의지, 호모 사피엔스의 생존과 번성을 이끈 환경역동성, 인류의 문명을 창조한 환경역동성, 과거의 그들이 현재의 우리에게 희망의 바통, 환경역동성을 넘긴 채 사라졌다. 수 만년의 인류역사를 통하여 압축된 의지의 DNA가 우리들 핏줄기를 타고 펄떡거리며 흐른다.

오늘에 존재하는 모든 생명은 평범한 존재가 아니다. 앞서간 인류의 희망이고 내일에 존재할 후대의 책임이다. 과거와 미래의 희망과 책임을 각성하는 생명들은 두렵지만 도망가지 않으며, 힘들지만 포기하지 않을 것이다. 이것이 생명의 연속선상에서 현재를 살아가는 인류의 소명이다.

"나는 날마다, 모든 면에서, 점점 더 좋아지고 있다.
(Day by day , in Everyway, I am getting better and better.)"

-에밀 쿠에

환경역동성은 환경에 대한 인식이 만드는 태도이다. 다른 역동
성의 나무들이 뿌리를 내리는 데 있어서 가장 중요한 토양의 역할
을 한다. 수시로 다음과 같이 환경역동성의 자기 암시를 암송하거
나 자신에게 이야기하여 보자! 무의식은 의식을 받아들일 뿐이다.

"나는 언제나 환경의 불확실성을 긍정적으로 받아들이며 살고 있
다. 내일은 언제나 나에게 설레임이다. 매일매일 나의 삶은 더욱더 좋
아지고 있다."

위의 자기 암시든 자신이 만든 자기 암시든 메시지를 말할 때 밝
고 힘찬 빛을 상상하며 하라. 그리고 수시로 주문처럼, 기도문처럼
조용히 중얼거려보자. 그 기적의 열매는 자신의 몫이다.

럭비선수들은 all for one이라는 가치를 소중히 여긴다.

전체는 하나를 추구한다는 것이다.

그 하나는 동료이기도 하고 팀의 목표이기도 하다.

매 순간 그들은 그 하나를 지키고 전진시키기 위하여

격렬한 상황 속에 자신을 던진다.

유지경성 有志竟成

"뜻이 있어 마침내 이루다. 즉, 뜻을 가진 사람은 반드시 이룬다는 의미이다."

-후한서(後漢書)

두 번째 프레밍 **방향역동성**

성장변수 All for one

나의 볼을
명확히 하라!

All for one의 볼이 열정을 만든다

역동적 스포츠인 럭비를 볼 때마다 이런 의문을 던지곤 하였다. 저들은 무엇을 위하여 저리도 격렬하게 그라운드를 누비는가? 30명의 선수들이 잠시의 여유도 없이 끝없이 소리와 부딪힘 속에서 혼전을 펼친다. 사람들은 그들의 움직임에 집중을 한다.

나는 가끔 선수들의 움직이는 모습을 지운 채 그들을 관찰하곤 하였다. 선수들의 모습을 지우면 그곳에 남는 것은 볼이다. 그들은 이야기 한다. All for one이라고. 중요한 것은 열정이 아니다. 열정을 만드는 목적과 목표의 방향이 중요할 뿐이다. 럭비는 이야기한다. 그냥 열심히 살지 말라고 당신의 방향을 명확히 하라고.

그들은 볼을 확보하기 위하여 볼을 놓치지 않기 위하여 볼을 전진시키기 위하여 열정을 불태운다. 그러나 열정을 위하여 볼을 추구하지 않는다. 삶과 조직의 그라운드에도 열정이 존재한다. 열정은 성과의 중요한 변수이다. 그러나 열정이 목표 변수는 아니다. 열정은 목표를 성과로 이끌고 촉진시켜주는 조절변수이다.

볼이란 목표가 열정을 만든다. 진정한 그라운드에는 볼이 있다. 진정한 인생과 조직의 그라운드에도 볼이 있다. 볼을 상실한 그라운드의 열정은 무의미하다. 우리의 삶에 있어서 볼은 비전일 수도 있고 목표일 수도 있다. 에릭 프롬은 이야기한다. 비전이 없다면 활력은 감소하고 인간의 생명력은 약해질 것이라고. 장 파울은 또 이렇게 이야기한다. 사람은 행로보다 목적지를 먼저 알아야 한다고.

생각해 보자. 거친 역동의 플레이를 보며 나와 조직의 볼은 무엇인지. 개념 없는 열정은 화근일 뿐이다. 방향 없는 열정은 방황일 뿐이다. 느려도 좋다. 게을러도 좋다. 결국은 방향을 명확히 한 자, 자신의 볼을 명확히 한 자만이 열정을 올바로 사용하고 성과와 성장을 만든다.

경영학자 헤르만 지몬은 이야기 한다. 목표는 사실을 만들어낸다고. 우리가 추구하는 것은 한낱 상상이 아니다. 사실적 현실의 창조이다. 우리에게 필요한 것은 열정이 아니라 방향의 역동성이다. 쉽게 말해서 가야 할 방향, 행동이 지향하는 개념이 항상 명확하고 몰입되어 있는 상태를 갖추는 것이다.

방향역동성의 대표적 인물인 손정의는 '뜻'을 매우 중시하는 사람으로서 여기서 뜻이란 단지 신념, 의지 같은 것만을 의미하는 것이 아닌 일종의 '방향'이라고 그의 평전은 설명을 한다. (『나는 거대한 꿈을 꿨다』, 이나리, 중앙m&b) 그 근거를 청소년기부터 보여준 방향 설정의 중요성 인식과 목적부합을 행동의 기준으로 삼는 태도에서 찾고 있다. 손정의가 했다는 다음의 일본 언론과의 인터뷰 내용은 그의 방향역동성을 잘 보여주고 있다.

"소프트 뱅크의 사업목적을 한마디로 말하면 '정보혁명으로 사람들을 행복하게 만든다'입니다."

방향이 제공하는 잔잔한 긴장이 건강한 질서를 만들어낸다. 이런 상태에서 살아가는 사람과 조직을 두고 '살아 있네'라고 한다.

"인생의 목적이 뚜렷하게 보이게 되면 망설임도 불안감도 말끔히 사라지게 되고, 그렇게 되면 악마도 지옥도 두렵지 않게 된다."

-『파우스트』, 괴테

열심히가 지배하던 시대는 지나갔다

착한 사람을 혐오하던 시대가 있었다. 착한 것이 밥을 먹여주는 것이 아니라는 변이었다. 착한 사람과 마찬가지로 무작정 열심히 사는 삶도 희망이 없는 삶으로 여기는 시대가 왔다.

1997년 IMF사태 이후 모 건설사 CEO가 이런 말을 한 적이 있었다. '열심히 살지 말아라.' 단순히 게을리 살라는 의도로 한 말이 아니었다. 삶의 방향성을 명확히 하고 살라는 메시지였다. 그 말은 오늘날 여전히 유효하다. 아니 그런 사회가 이제는 일반화되었다.

이와 같은 사회 패러다임의 변화를 피터 드러커 박사는 그의 저서 『리더가 되는 길』(고바야시 가오루, 청림출판)에서 유능한 리더는 '행동하는 인간'이지만 과적 행동behavior과 단순히 바쁜 활동activity

은 명백히 다르다고 지적한다. 바쁘다고만 하는 사람은 목표달성과는 무관한 소위 '활동의 함정'에 빠진다고 말한다.

정약용은 아들들에게 보낸 편지에서 근勤: 부지런할자와 검儉: 검소할자 두 글자만 마음에 품고 살면 배고픈 삶은 면할 것이라 하였다. 그러나 지금은 부지런함이 삶의 배고픔을 없애줄지언정 삶의 고달픔은 해소시켜주지 못하는 시대이다.

지난날의 하드 워크hard-work시대는 성실이 사회적 성공의 대명사였다. 아침 일찍 나와 밤늦게 퇴근하는 사람이 인정받던 시대였다. 한마디로 노동의 질보다는 노동의 양이란 하드hard역량으로 그 사람의 역량이 평가받던 시대였다. 그러나 지금은 스마트 워크smart-work시대이다.

Any-time, Any-where, Any-device로 대변되는 업무의 효율성을 강조하는 스마트 워크의 궁극적 목적은 개념 있는 노동이고 질을 추구하는 노동이다. 토마스 길버트가 주장하듯이(『경영의 위대한 구루들』, 모색) 성과 달성의 목적은 시간과 기회의 창출이라는 여유를 창출하는 것이다. 성과달성을 위한 출발점은 인간의 잠재력이고 결승점은 여유의 증가라고 할 수가 있다. 이를 통하여 인간다운 삶, 인간적 노동을 실현하고자 하는 것이다.

스마트 워크가 단지 종이로부터의 자유, 공간으로부터의 자유, 스마트 기기의 사용이라는 노동의 형식성만을 정의하는 것은 아니다. 그런 형식성은 스마트 워크의 수단적 개념이지 목적적 개념은 아니다.

스마트 워크는 노동의 양보다는 질을 추구하는 혁신적 노동의 개념이다. 자신의 업에 대한 개념이 명확한 근로자, 노동의 목표나 목적성, 성과측정의 기준이 명확히 준비된 조직만이 수행할 수 있는 수준 높은 노동자, 수준 높은 조직이 추구하는 보다 발전된 성과창출 양식이다.

노동에 대한 건강한 개념을 확보하지 않은 노동자가 anytime, anywhere, anydevice로 무장한다면 조직 모랄moral은 무너지고, 시간의 방임적 소비, 사적 이익의 추구, 통제불능의 상황에 봉착할 가능성이 높기 때문이다.

이제는 노동의 시간이 아니라 노동의 성과가 중요하며 몇 대의 생산량 보다는 높은 수준의 품질확보가 근로의 중요한 질문이자 목적으로 존재하는 시대이다.

당신 마음속의 단순한 열심히를 지워라. 열심히의 앞에 선행되는 개념은 무엇을 열심히인가이다. 개념없이 열심히 사는 사람들을 인정하던 시대는 종말을 고했다. 시대는 개념을 가진 자들의 성실을 기다리고 있을 뿐이다.

세월이 흐른뒤 단지 열심히 살았네란 넋두리를 하는 회한의 무리에 서있을 것을 지금부터 두려워할 일이다.

강렬한 방향의지와 상상이 만드는 방향역동성

성장은 어디에서 오는가? 모든 생물의 성장은 자연계에서 자연스럽게 진행된다. 종족보존을 위한 생식적 수준에서 성장이 발생한다. 인간 또한 생식적 수준에서 성장은 발생한다. 유혹, 육체적 어필, 감정적 몰입, 이성애 등은 인류의 생식을 통한 종족보존의 가장 기초적인 생물적 정체성이다. 그러나 생물학적 수준을 뛰어넘어 영적인 존재로 서려는 인간의 변화의지와 노력은 생물적 수준의 자연스런 성장 그 이상의 것이다.

의도된 성장을 추구하는데 있어서 가장 중요한 요소 중의 하나가 방향역동성이다. 방향역동성은 자신의 자원을 인식하고 자신의 자원을 바람직한 미래의 상태를 향하여 정렬시키는 것이다. 개인과 조직이 비전, 미션, 목표 등으로 설명되는 방향성을 컬러처럼 명확히 정립하고 강렬하게 집중시킨 상태를 방향역동성이라고 한다.

앞에서도 말한 바와 같이 손정의는 방향역동성의 대표적 인물이다. 그가 1981년 9월에 소프트 뱅크를 창업한 후 단 2명의 직원을 앞에 둔 채 귤 상자에 올라가 외쳤다는 소프트 뱅크의 목표는 꿈이 이뤄진 지금 들어봐도 소름이 끼칠 정도이다.

"우리 회사는 세계디지털혁명을 이끌 것이다. 30년 후에는 두부 가게에서 두부를 세듯 매출을 1조, 2조 단위로 셀 것이다."

방향역동성은 사실처럼 생생하게 도달할 이미지를 가지는 것이다. 방향역동성은 강렬한 집중을 하는 것이다. 방향역동성은 중심을 가진 개인과 조직이 만드는 카리스마이다. 방향역동성은 가야 할 방향이 있는 자들의 상상과 의지를 품은 힘찬 흐름이다.

방향역동성은 그가 가야 할 길을 걸어가게 하고, 길이 없으면 길을 만들게 한다. 길이 막히면 돌아서 간다. 결국은 그곳을 향하는 유연하나 강렬한 흐름이다. 방향의 역동성은 부분의 미약한 힘을 거대한 하나의 힘으로 만들어낸다.

방향역동성은 의심없이 마땅히 가야 할 길로서 세상이 제공하는 상상과 의지가 아니라 자신의 상상과 의지에 근거한다.

네 소원所願이 무엇이냐 하고 하느님이 내게 물으시면, 나는 서슴지 않고 "내 소원은 대한 독립大韓獨立이오." 하고 대답할 것이다.

그 다음 소원은 무엇이냐 하면, 나는 또 "우리 나라의 독립이오." 할 것이요, 또 그 다음 소원이 무엇이냐 하는 세 번째 물음에도, 나는 더욱 소리를 높여서 "나의 소원은 우리 나라 대한의 완전한 자주독립自主獨立이오." 하고 대답할 것이다. 동포同胞 여러분! 나 김구의 소원은 이 것 하나밖에는 없다.

-『백범일지』, 백범 김구

자신의 불을 명확히 하자
승리는 다음의 문제이다

월요일 아침, 아니 월요일 아침이 아니어도 좋다. 당신이 가장 희망하는 직장 앞에 가서 그곳을 들어가는 사람들의 표정을 관찰하여 보라. 그 중에서 행복한 얼굴, 생기 있는 얼굴을 찾아내기는 쉽지 않을 것이다. 신사의 복장을 한 채, 막장으로 끌려가는 생기 잃은 노무자의 얼굴을 그 곳에서 발견할 것이다.

세상이 부러워하는 직장에 다녀도 삶은 무거움으로 다가오고 마음속에 수심이 한 가득한 것은 왜일까? 왜 우리는 프로의 향기를 놓쳐버린 것일까?

가장 중요한 이유는 두 가지이다. 첫째는 자신이 가야 할 방향인 자신의 불을 갖지 못한 경우이다. 즉, 방향의 불명확성이 원인이다.

지도를 가지고 있어도 정상을 향한 여정은 고달픈데, 하물며 가야 할 곳의 지도조차 없는 경우에 여정의 고달픔을 넘어 도착조차 기약할 수가 없다. 그냥 흘러가는 악몽 같은 삶에서 깨어나 그것이 무엇이든 매 순간 갈 방향을 명확히 하려는 의지적 노력이 필요하다. 방향을 향한 노력의 습관이 자신의 삶의 양식이 되어 결국은 삶의 전체가 명확한 방향 속에서 흘러가는 강이 될 것이기 때문이다.

교세라 이나모리 회장은 그의 저서 '까르마 경영'(선돌)에서 세세한 부분까지 명료하게 그릴 수 있다면 틀림없이 성취하게 되어 있다고 주장한다. 그 이유인즉, 보이는 것은 이룰 수 있으며, 보이지 않는 것은 이룰 수 없기 때문이라고 설명한다. 따라서 그는 원하는 바가 있다면 엄청나게 강한 힘으로 응축된 생각을 원하는 만큼 강렬하게, 그리고 성공한 모습이 뚜렷하게 눈앞에 보일때 까지 지속해 나가라고 말한다.

둘째 이유는 자신의 가치나 방향이 명확하더라도 현재 자신이 속한 조직의 가치와 조화가 되지 못하는 방향부조화이다.

이런 경우라면 적극적으로 조직가치를 긍정하고 수용하려는 노력이 필요하다. 범죄 조직이 아닌 이상, 자신이 그 조직을 선택하게 만든 것은 그 조직이 자신이 아는 그 이상의 가치를 지녔기 때문이다. 조직의 역동적 지향가치를 깊게 이해하고 자신의 문화로 받아들여 함께 성장하려는 태도는 나와 조직의 미래를 만든다. 조직은 그런 기대를 한 채 직원을 선택한다.

그것이 힘들다면 조직과 개인의 문화를 명확히 구분하여 조화를 유지할 필요가 있다. 즉, 조직이 요구하는 사회적 가면인 페르소나 persona를 갖추는 것이다.

페르소나는 세상이 원하는 이미지역할을 이해하고 그 역할을 충실히 연기하는 것이다. 기업윤리나 근로자의 직업윤리는 건강한 페르소나에 근거한다. 페르소나는 성숙한 사회성을 의미한다.

이 말이 이해가 안 된다면 프로야구나 프로축구경기장에서 열정적으로 응원을 리드하는 치어리더를 잘 관찰하여 보라. 진정으로 그 일이 좋아서 몰입을 보여주는 이들도 있겠지만 대부분은 프로로서 세상이 그에 대하여 기대하는 바람직한 이미지를 능동적으로 연출하고 있는 것이다. 그것이 프로이기 때문이다. 그것이 직업윤리이기 때문이다.

"저기, 경리가 보이시죠? 저 친구는 시내로 심부름을 보내면 어떤 때는 그런대로 용무를 보기도 하고, 어떤 때는 가는 도중에 술집을 네 곳이나 들른답니다. 그리곤 중심가까지 가서는 자기가 거기에 왜 갔는지를 잊어버리죠." 온 세상이 그런 사람을 소리쳐 구하고 있다. 가르시아 장군에게 메시지를 전할 인물을.

　　　　　　 -『가르시아 장군에게 보내는 메시지』, 앨버트 허바드, 경영정신

방향이 명확한 자, 방향이 조화를 확보한 자는 길을 잃지 않는다. 역동적 성과를 이룬 개인과 조직은 평범한 수준 이상의 컬러풀한 방향의 명확성, 가치와의 조화성이 만드는 방향의 에너지가 이끄는 강한 열정이 그들을 이끈다. 상상은 누구에게나 공평하게 주어지는 자산이다. 두려움없이 상상하라. 성취하는 사람들처럼 거침없이 상상하라. 그러나 흑백의 상상을 넘어서라. 스케치의 상상을 넘어서라. 살아 숨쉬는 컬러풀하고 생동감 있는 5G와 같은 상상을 하라. 꿈이 이뤄지는 것이 아니라 너무도 생생한 상상이 이뤄지는 것이다. 생생한 상상은 신념이 만드는 설계도이기 때문이다.

뉴 멕시코주의 가난한 이민자의 아들로 태어난 호텔왕 콘래드 힐튼의 꿈은 텍사스에서 호텔 벨보이를 하던 시절에 태동하였다. 힐튼은 자기 방에 당시 가장 큰 호텔의 사진을 붙여놓고, 자신이 그 호텔의 주인이 된 모습을 항상 상상했다. "흔히 사람들은 재능과 노력이 성공의 보증수표라고 생각하지만 나는 다르게 생각한다. 생생하게 꿈꾸는 능력이다. 내가 호텔 벨보이로 일할 때 나보다 능력이 뛰어난 사람, 더 열심히 일한 사람은 많았다. 그러나 혼신을 다해 성공한 자신의 모습을 그렸던 사람은 나 하나뿐이었다."

-콘래드 힐튼

미래의 불확실보다 두려운 것은 미래의 전략이 없다는 것이다. 오늘을 살아가는 사람들의 두려움은 내일을 모르기 때문이 아니라 내일 무엇을 해야 할 지를 모르는 데서 생겨난다. 불확실의 우주 속을 걸어 왔고 바통을 이어받아 불확실의 우주 속을 걸어가야 할 호모사피엔스 인류에게 항상 존재하는 장애는 자신으로부터 시작된 장애이다. 그것은 자신이 찾고 만들어야만 하는 미래의 의미, 미래의 전략이다. 미래의 그림이 명확한 자에게 미래는 기회일 뿐이다. 최고의 프로인 메시처럼 온 존재가, 온 감각이 자신의 볼을 인식하고 반응하며 오늘을 살자. 완벽한 볼의 인식, 방향의 명확성에 우주가 존재한다. 승리는 다음의 문제이다.

'살아갈 이유를 알고 있는 사람은 어떠한 상황에서도 참고 견디어 나갈 수 있다' 나는 니체의 이 한마디 말에 어떠한 심리요법에도 유효 적절한 좌우명이라고 생각한다. 니찌스의 강제수용소에서 해야 할 과업이 기다리고 있다고 알았던 사람들이 가장 수월하게 살아남았다.

-『죽음의 수용소에서』, 빅터 프랭클, 청아

볼이 명확한 자에게 볼은 집중을 요구한다

당신의 볼, 당신 조직의 볼은 명확한가? 볼이 명확하다고 성과가 완성되는 것은 아니다. 단지 가야 할 방향 표지판이 만들어진 것이다. 더욱 중요한 것은 볼에 집중하는 것이다.

볼이 필요조건이라면 집중은 충분조건이 되는 것이다. 달걀을 품는 어미닭은 무엇이 중요한지를 우리에게 알려준다. 달걀이 중요한 것이 아니라 달걀을 향한 집중이 중요하다는 것을 어미닭은 알려준다. 어미닭은 21일에 걸쳐 일정한 온도를 유지해나가는 집중을 유지하고 집중은 병아리란 생명을 창조해낸다. 당신의 볼이 정해졌다면 그 다음 우리가 할 일은 집중이다. 집중은 단순한 시간의 확보가 아니다. 그 것은 현재와 미래의 상태 사이에 존재하는 갭gap을 쉼 없이 채워가는 노력의 지속을 의미한다.

교세라의 이나모리 회장은 그의 저서 '까르마 경영'(서돌)에서 원하는 바를 성취하기 위해서는 머리끝에서 발끝까지 온 몸을 그 생각으로 가득 채우고, 피 대신 '생각'이 흘러서 잠재의식까지 이르게 하는 것이 인생과 경영에서 목표를 달성할 수 있는 유일한 방법이다라고 제시한다.

『1만 시간의 법칙』의 저자인 심리학자 안데르스 에릭슨Anders Ericsson교수는 이를 의식적 연습이라고 한다. 그가 말하는 의식적 연습은 단순히 성실한 노력이 아니라 목적의식이 있는 노력을 의미한다. 여기에는 끈기란 매개체가 필요하다.

"어떤 목표에 대해 열정을 가진 자는 불사조와 같다. 만약 그가 하나의 목표에 좌절했더라도, 그는 타버린 재 속에서 되살아나는 불사조처럼 틀림없이 새로운 목표를 향해 다시 일어설 수 있다."

-괴테

의식적 연습을 통한 갭의 보완은 역량으로 변화된다. 새로운 역량은 자연스런 집중, 편안한 집중을 제공하여 준다. 이를 시카고대학의 심리학 교수인 칙센미하이는 몰입flow이라고 표현한다.

심리학의 두 거두는 의식적 연습과 몰입은 동반적 개념이라고 주장한다. 의식적 연습과 몰입은 방향의 명확성을 기반으로 끈기가 가미된 노력과 정서적 충만 상태이다.

바위에 물길이 부딪히고 몇 번인가의 숨막힐 듯 조용한 머물기를 여러 차례, 낮과 밤이 여러 차례 바뀐 후 비로소 물은 강을 만나고 바다를 만난다. 집중은 목표를 향한 부단한 '흐름flow'이고 굳센 '전략적 의지'이다. 이와 관련하여 게리 해멀 교수는 지난 20년 동안 글로벌 리더십에 도달한 기업들은 조직과 경영의 모든 단계에서 승리해야만 한다는 전략적 의지라는 강박관념이 있었다고 말한다. (『전략적 의지가 없으면 싸구려다』, 스마트비즈니스)

집중이라는 몰입이 이뤄지는 순간, 호흡을 편안하고 규칙적으로 관찰되며 대상을 향한 눈빛은 조용히 자리를 잡고 의지는 대상의 형체를 넘어 본질 속 원자까지 뚫고 들어간다. 모든 것이 고요하고 모든 것이 편안한 절대평화의 순간이 집중의 시간에 몰려오고 그 속에서 한 인간은 우주의 영원함을 느낀다. 목표의 진척은 어려움과 편안함, 긴장과 이완의 반복 속에서 이뤄진다. 누구나 어려움을 두려워한다. 그러나 모두가 어려움을 피하는 것은 아니다.

어려움 속으로 걸어가면 편안함이 몰려온다. 그 달콤한 편안함은 어려움의 회피가 주는 것이 아니라 어려움을 극복한 자들만이 누리는 지적, 기능적, 의지가 제공하는 선물이다. 한 단계 성숙된 위치에서 다른 세상을 굽어보게 된 것이다. 그러나 편함에 오래 머물지 말아야 한다. 성숙의 근육이 사라지기 전에 그 편함을 내려 놓고 조금 더 어려운 노력 속으로 들어가야만 한다. 나무꾼이 새참을 먹고 큰 재목을 찾아 다시 울울창창한 고요의 산속으로 들어가듯이.

우리의 성취를 잡아먹는 것은 우리들 안에 파고드는 나태와 안주의 욕망이기 때문이다.

"사자신중충獅子身中蟲 – 사자가 죽음에 이르는 것은 외부의 원인이 아니라, 자기 몸 속의 벌레身中蟲이다.

-범망경(梵網經)

역사의 징비가 이야기하는 방향역동성

역사는 반복된다. 역사는 다른 옷을 입은 손님으로 와서 똑같은 춤을 추다가 사라지고 돌아오기를 반복한다. 어제의 성공과 실패가 지닌 의미는 여전히 유효하고 반복된다.

조선의 전란을 통하여 전란대응의 기록을 『징비록懲毖錄』으로 남긴 유성룡은 글에서, '이 글을 기록함은 후손들에게 잘못을 다스려_懲 미래의 우환을 경계한다_毖는 징비의 뜻처럼 후대에 경각심을 주기 위함이다'라고 강조한다. 경각심이라는 것의 의도는 단지 전쟁의 비참함을 보여주기 위함이 아니다. 자신을 포함한 과거의 성공과 실패의 경험에서 후대가 교훈을 구하지 못한다면 똑같은 불행의 역사가 되풀이 된다는 메시지를 전달하기 위함이다.

『징비록』에서도 방향명확과 집중에 관한 방향역동성의 가치와 연관된 사례를 많이 발견할 수가 있다. 『징비록』에서 유성룡은 '100년에 걸친 태평성대로 인하여 우리 백성들은 전쟁을 잊고 지내다가 갑자기 왜적의 침입을 맞게 되자 우왕좌왕하다가 혼비백산하고 말았다'라며 태평성대가 불러온 방향역동성의 이완을 지적하고 있다.

개인이나 조직에 긴장이 사라지면 집단은 급속도로 엔트로피의 무질서 에너지에 유린당한다. 방향이 무질서로 치닫는 곳에 사리사욕과 당파의 이기심이 춤을 추게 된다. 적의 입장에서 볼 때, 가장 좋은 정복의 기회가 조성되는 것이다.

이와 관련하여 『도요토미 히데요시』(21세기북스)평전을 쓴 야마지 아이잔은 그 무렵 조선이 일본의 상대가 될 수가 없었던 이유로 조선이 소국이 아니었음에도 불구하고 오랜 태평성대로 실전경험

부족과 문인을 우대하고 무인을 경시하는 내부의 풍조로 인하여 도저히 군대를 내는 것이 현실적으로 어려웠다고 지적한다. 반면에 일본을 움직인 장수들은 험난한 세상풍파를 겪으며 자신의 운명을 개척한 인물들로서 이와 같이 지도층이 일본은 평민적, 조선은 귀족적이었는데, 이것이 조선과 일본의 승패가 갈리는 가장 중요한 변곡점이 되었다고 주장한다.

조선은 전쟁의 위기 앞에서 전쟁의 발발을 부정하기 바빴다. 우유부단한 선조는 직언과 현실을 회피한 채 무기력한 평화주의자의 춤판을 벌이고 있었다. '전하, 10만 대군을 양성하셔야 합니다'란 율곡 이이의 충정 어린 상소는 꿈속 기억처럼 아물거릴 뿐이었다.

> "이이의 오랜 폐단을 개혁하자는 상소에 임금과 신하들이 토론하고 홍가신이 이에 찬성하였는 바 유성룡은 시의에 맞지 않다고 극론하여 그 의논이 중지되었다. 유성룡은 이번뿐만 아니라 먼저 번에도 이이의 국난을 대비한 10만의 군사를 양성하라는 주장을 화난을 키우는 것이라고 반대한 바 있다."
>
> -『선조수정실록』, 선조 15년(1582) 9월 1일

현실 앞에서 현실의 방향을 부정하려는 조선은 이제 어디로 갑니까? 죽은 자는 말이 없고, 현실적 방향성 부재의 업보는 살아가야 할 자들의 몫이었다.

"당시 적은 파죽지세로 몰아 닥쳐 불과 10일만에 서울에 들이닥쳤다. 이때부터 적은 항상 이긴다고만 생각하여 뒤를 돌아보지 않았다. 그러다 보니 여러 갈래로 흩어져 마음대로 날뛰었다. 그러나 군사는 나누면 약해지지 마련이었다. 천리에 걸쳐 전선을 형성하고 시간이 지나니, 아무리 강한 화살이라 해도 멀리 가다 보면 낡은 헝겊 한 장 뚫지 못하는 이치와 같았던 것이다."

-『징비록』, 유성룡, 서해문집

승리는 적이든 아군이든 자만의 바이러스를 업고 다닌다. 자만은 결집보다는 분열의 방향으로 가려는 특성이 있다. 기존의 전략적 집중에서 멀어지려는 자만의 관성은 상대에게 기회를 제공한다. 정명가도征明假道라는 하나의 전략적 목표와 집중을 가졌던 왜군은 고니시 유키나와와 가토 기요마사의 성향차이와 갈등으로 인하여 서서히 방향 명확과 집중의 전략적 힘에 균열이 오기 시작한다. 두 왜장은 황해도 안성역에서 평안도와 함경도로 전략적 분산을 통한 진군을 시작한다. 힘의 분산이 왜군의 가장 큰 실책이 되었으며, 상대적으로 분산된 힘은 조명 연합군에게 유리한 기회를 제공하게 된다.

4만의 명나라 군대는 평양성을 함락시킨다. 이로 부터 전세는 새로운 변곡점을 맞이하게 된다. 방향의 명확성과 집중이 만드는 방향역동성의 균열은 힘의 와해로 이어진다.

"왜적의 계략이 잘못된 것은 우리에게는 천우신조였다. 우리에게 뛰어난 장수가 하나만 있었어도 길게 이어졌던 적의 전선을 끊어 단절시킬 수 있었을 테고, 그렇게 되었다면 평양성에서 그들의 대군을 무찌를 수 있었을 것이다."

-『징비록』, 유성룡, 서해문집

자만에 빠져 방향역동성을 상실한 역사의 반복성은 항상 우리 곁에서 작용을 했다. 1592년의 치욕은 1636년의 병자호란, 1910년의 한일합방 등으로 이어지는 역사반복의 잔인함을 보여주었다.

전략의 분산이 가져오는 위기는 6.25때도 똑같이 존재하였다. 이번에는 적이 아니라 우리에게 존재하였다. 파죽지세로 평양까지 밀고 간 것은 왜군이 아니라 국군과 유엔군이었다. 거기까지는 좋았다. 우연의 일치같이 임진왜란 당시의 왜군의 전략적 실패처럼 유엔군은 2개의 전선으로 나눠서 진격하기 시작하였다. 낭림산맥을 기준으로 서부전선은 워커의 미 8군이 맡고 동부전선은 알몬드의 10군단의 관할 하에 전선이 형성되었다.

2개의 전선보다 심각했던 것은 임진왜란 당시의 상황과 똑같은 2명의 전선 사령관이 존재하였다는 것이다. 두 사람의 사령관은 자연스럽게 경쟁적 관계 속에서 전쟁을 이끌게 되었다. 분산된 힘은 전략적 명확성과 집중에 틈을 제공하였고, 중공군은 영리하게도 유령처럼 이 틈을 치고 들어왔다.

"이즈음 나는 군단사령부 미군장교들로부터 왜 10군단이 8군 지휘 하에 있지 않은지 불안스럽게 수군거리는 소리를 자주 들을 수 있었다. 하나의 전역戰域. theater에는 한 명의 지상군 사령관commander이 있어야 하나 이 때는 두 명의 지상군 사령관이 있어 상호 협조가 안 된다는 것 이었다. 이것은 임진왜란 때 왜군의 상황과 신기할 정도로 흡사했다."

-『군과 나』, 백선엽, 시대정신

지형적이든 인적이든 전략의 분산은 방향역동성의 내부에너지를 분산시키고 내부의 소통을 방해하게 만든다. 이 틈을 치고 들어 온 것이 임진년에는 명나라였지만, 1950년의 겨울에는 중공군이었다. 역사는 신기할 정도로 다른 옷으로 갈아 입은 자들의 2막 공연과 같다.

대중은 평화시에 이기적이고 감성적인 의사결정을 선호한다. 반면에 위기 속에서는 이타적 가치를 지지하고 순종하는 균형회복의 태도를 보인다. 대중은 이기적 결집과 이타적 결집을 오가는 환경의 산물이다.

번창하는 사회의 특징은 다양하되 하나의 중심, 방향이 있는 사회이다. 이런 사회가 단청丹靑사회이다. 사찰을 빛나게 하는 기둥에 그려진 단청은 얼마나 아름다운가? 그러나 단청은 기둥을 무너트리지 못한다. 단청은 기둥이 있어서 자신을 드러내고, 기둥은 단청을 통하여 자신의 가치를 드높인다.

보편적 신념과 방향성이 통일된 사회의 다양성은 그 사회를 번영으로 이끈다. 반면에 다양하되 방향성이 존재하지 않거나 방향성이 존재하되 다양성이 억압된 사회는 균열되고 무너져간다. 번영과 조직은 그 방향성의 성질에 따라 한 줌 모래처럼 날아가기도 하고 진흙처럼 단단해져 천 년의 집을 만들기도 한다. 역사는 우리에게 오늘도 징비懲毖하고 있다.

지금 우리의 방향은 어디를 향하고 있습니까? 모두가 공유하고 합의된 진흙처럼 끈끈한 미래의 방향이 있습니까?

미션은 방향역동성의 소금이다

전략차원에서 방향의 개념은 일반적으로 VMOvision, mision, objet의 위계성으로 설명되어진다.

비전은 미래에 이루고자 하는 큰 청사진이다. 비전은 전략과 연관된 개념이다. 비전은 크고big, 어렵고hairy, 대범한audacious미래의 모습이다. 일반적으로 비전을 상위의 방향개념으로 인식하고 있다.

"바로 저기에 있다. 행복으로 가슴이 두근거리는 느낌과 내가 어릴 때부터 간직해 온 모든 상상력이."

-디즈니

비전의 한계는 비전이 달성된 시점에 위험이 도사리고 있다는 것이다. 실행의 긴장을 이끌던 비전이 달성되었을 때 신속히 새로운 비전으로 전환이 되지 않으면 개인이나 조직은 큰 혼란과 무질서의 상태를 맞이하게 된다. 가난이 싫어서 열심히 살던 사람이 부가 넘치는 상황이 되었을 때 카지노에서 폐인으로 되는 꼴과 같다.

우리가 일반적으로 비전의 하위개념으로 알고 있는 미션mision은 개인과 조직의 존재목적을 의미한다. 방향의 역동성에 있어서 중요한 것은 비전이 아니라 미션이다.

비전은 한계가 있지만 미션은 한계가 없다. 미션은 조직이나 개인이 소멸하는 순간까지 존재하는 의미를 설명하기 때문이다. 이에 대하여 신시아 몽고메리 교수는 동아 비즈니스 포럼 2013에서 가구기업 이케아의 사례를 들어 설명을 한다.

"가구기업인 이케아IKEA는 '누구를 위하여 존재하는가?'에 대하여 답이 확실하다. 그들은 오직, 재정적 자원이 제한적인 사람들을 위해서 존재한다'라고 대답한다. 이는 이케아가 오직 그 미션에만 집중하겠다는 것이고, 나머지는 신경쓰지 않겠다는 것을 의미한다."

비전을 가진 조직과 개인은 한계상황을 맞이할 수 있지만 미션을 가진 조직과 개인은 한계상황을 넘어선다. 마지막까지 존재하는 그의 존재이유이기 때문이다. 따라서 미션을 가진 조직과 개인은 결코 무너지지 않는다. 미션은 존재이유에 대한 기술이고, 지향하는 가치에 대한 설명이다. 미션은 방향역동성에 있어서 소금과 같다. 방향이 부패하지 않도록 긴장을 제공하는 역할을 한다. 비전과 목표가 무너지지 않도록 올바른 긴장을 제공한다.

"내 딸들이 어렸을 때, 일요일이면 종종 유원지에 데려가곤 했다. 아이들이 노는 동안 벤치에서 무료하게 땅콩을 까먹으며 생각했다. '어른들이 함께 즐길 수 있을만한 장소는 없을까?' 그 생각을 실현시키는 데 약 15년 정도가 소요되었다."

-월트 디즈니

미션이 있는 사람은 행복하다. 그 자신이 존재의 이유를 설명하며 살아가기 때문이다. 비전과 목표는 상대성의 속성을 가질 수 있고 상대적 관점에서 만들어질 수 있다. 상대적 속성을 가진 방향성은 때로 좌절을 제공한다. 언제나 비교의 관점에 놓여 있기 때문이다. 물질적으로 풍요로운 사회에 좌절과 자조가 많은 이유는 물질이 풍요로울수록 비교의 기준도 풍요롭게 존재하기 때문이다. 상대적 비교기준이 많아질수록 삶은 항상 박탈감을 안은 채 살아갈 수밖에 없다.

미션은 자신의 가치에 대한 절대적 설명이고 선언이다. 미션은 그 누구와도 비교되지 않는 그 자체로서 고유한 향기이다. 건강한 비전은 미션을 품은 비전이다. 건강한 목표는 미션을 품은 목표이다. 미션을 품은 자는 썩지 않고 무너지지 않는다. 미션은 바람 찬 길을 걸어가는 모든 생명의 소금이기 때문이다.

"중요한 것은 대단한 일을 하거나 많은 일을 하는 것이 아닙니다. 중요한 것은 항상 무언가 할 준비가 되어 있는 것, 그리고 가난한 사람들을 위하여 일하는 것은 하느님을 위하여 일하는 것이라는 확신을 갖는 것입니다."

-마더 테레사

미션은 존재하지 않는다
단지 만들어질 뿐이다

미션의 힘은 비전과 목표 이상이다. 그렇다면 미션은 존재하는 것인가?

미션을 존재란 관점에서 바라본다면 우리는 미션을 찾아 헤매게 된다. 미션은 존재하는 것이 아니라 창조되는 것이다. 자신의 가치에 대한 인식, 그리고 그 가치가 가진 세상에서의 뜻. 그 속에서 미션은 창조된다. 미션이 창조되는 순간, 인간은 새로운 탄생을 경험한다. 미션이 창조되는 순간 인간은 더는 삶을 허무라고 하지 않는다. 미션이 창조되어지는 순간, 삶은 희열로 채워진다. 하나의 미미한 생명이 의미로 거듭나는 기적을 경험한다.

미션을 품은 사회는 발전을 약속받은 사회이다. 미션을 품은 사회란 구성원 개개인이 자신의 가치를 다양한 차원에서 각성하는 사회이다. 타율적 미션은 허수아비 미션이다. 참된 미션은 자발성에 근거하는 방향역동성이다.

미션은 자신의 가치각성, 자신을 둘러싼 환경의 기대와 자기역할의 인식, 긍정적 자기동기부여를 통하여 하나의 신성한 소명으로 탄생하며, 자신의 삶을 해석하고 행동을 강화시키는 준거로 존재하게 된다. 의미로 꽉 찬 삶의 시간을 만드는 자기발견이고 자기창조의 시간이다. 한 생명이 생명의 미미함을 넘어 고귀한 의미로 서는 것이다.

세계가 인정하는 대한민국의 발전을 기적이라고 부르는 것은 그 시대를 창조한 세대와 그 시대를 계승 발전시켜가는 현 세대에 대한 모욕이다. 과정상의 오류가 존재하고 갈등의 빌미를 제공하고 있지만 그래도 부정할 수 없는 사실은 이 땅의 민초들이 오랜 세월 꿈꿔왔던 배고픔의 두려움으로부터 해방이 현실화되었다는 것이다.

가족을 위하여 배움을 포기한 채 공장에 들어가고, 나라를 위하여 파병까지 갔던 그 세대를 오늘의 관점에서 해석하는 것은 모순이다. 누구나 그 시대의 공기를 마시며 그 시대의 정의감과 가치로 살기 때문이다.

진보하는 사회의 역사는 존중과 비판 위에 존재한다. 존중하지 않으면서 비판하는 역사, 비판하지 않으면서 존중만 하는 역사는 역사의 의미를 상실하고 퇴보와 불행을 초래한다.

우리가 누리는 민주사회의 토대는 그 시대 사람들의 자기희생에 바탕한 미션으로부터 시작되었다. 그것이 독재의 수단이었을지라도 대중의 배부름을 만들고 분배를 논할 수 있는 환경을 만든 그 시대의 미션은 위대한 것이었다.

오늘의 가치로 과거의 가치를 판단하는 시대에 수구로 몰리고 뒷방으로 몰린 채 위축된 자화상으로 존재하는 그들이 "우리가 무엇을 그리 잘못했나요?"라고 묻는다면 나는 이렇게 이야기 해주고 싶다. "누가 뭐라 해도 당신들은 위대한 역사입니다." 왜냐하면 그들은 가족과 사회에 대한 미션을 가진 세대였고 미션을 성공시킨 세대였기 때문이다.

"광원 여러분, 간호원 여러분. 모국의 가족이나 고향 땅 생각에 괴로움이 많을 줄로 생각되지만 개개인이 무엇 때문에 이 먼 이국에 찾아왔던가를 명심하여 조국의 명예를 걸고 열심히 일합시다.

비록 우리 생전에는 이룩하지 못하더라도 후손을 위해 남들과 같은 번영의 터전만이라도 닦아 놓읍시다…."

여러분, 난 지금 몹시 부끄럽고 가슴 아픕니다. 대한민국 대통령으로서 무엇을 했나 가슴에 손을 얹고 반성합니다.

…나에게 시간을 주십시오. 우리 후손만큼은 결코 이렇게 타국에 팔려 나오지 않도록 하겠습니다. 반드시…. 정말 반드시…."

떨리는 목소리로 계속되던 박 대통령의 연설은 끝까지 이어지지 못했다. 광부, 간호사뿐 아니라 곁에 있던 육영수 여사, 뤼브케 서독 대통령도 손수건을 꺼내 들면서 공회당 안은 '눈물 바다'로 변했다.

-1964년 12월 10일 박정희대통령 서독 한인광부 앞 연설

미션은 존재하지 않는다. 미션은 창조될 뿐이다. 미션을 기다리지 말자. 미션이 있는 사회는 건강한 사회이다. 참다운 리더는 스스로 희생에 기초한 미션을 가진 자이고 구성원들이 스스로 건강한 미션을 품도록 도와주는 사람이다. 미션을 강요하고 조작하는 사람이 아니다.

노량의 마지막 결전에 앞서 이순신은 갑판에 올라 손을 씻고 무릎을 꿇은 채 향을 피우고 하늘에 기도하였다.

"이 적을 모두 죽일 수만 있다면 죽어도 여한이 없겠나이다. *此讐若除 死則無憾*"

-『이충무공전서』, 권9

방향은 명확하되 유연해야만 한다

개념을 명확히 그러나 신속히 세팅하고 행동을 추구하라. 온전한 삶이 펼쳐지고 온전한 성과가 눈앞에 펼쳐질 것이다.

서두르지 마라. 삶이 실패하는 것은 느려서가 아니다. 방향없는 조급이 삶을 실패로 이끈다. 삶에서 내적인 성취를 이루는 자들을 보라. 멈춘 듯 흐르는 강물과 같다. 그러나 그 안은 쉼이 없다. 그 안은 계곡의 조급함이 없다. 거대한 흐름이 침묵하며 흐르는 강처럼 방향에 대한 조금의 의심도 없이 유유히 흘러간다.

당신이 바다가 될지 계곡물로 사라질지는 당신의 속도가 아니다. 당신의 방향이 결정할 뿐이다. 방향은 성과를 낳는다. 방향은 성장을 이룬다. 방향은 리더십의 핵심이다.

빠른 자를 부러워하지 마라. 방향이 있는 자를 존경하라. 삶은 빨리 사라지러 온 것이 아니라 자신의 방향을 만들러 온 것이다.

큰 방향을 가진 자는 서두르지 않는다. 깊은 무게를 가지고 밤낮을 쉬지 않고 흘러간다.

공자께서 냇가에서 말씀하셨다. "흘러가는 것이 이와 같구나. 밤낮으로 쉬지 않고 흘러가는구나. 子在川上曰 逝者如斯夫 不舍晝夜"

-『논어』, 자한 제16장

큰 방향을 가진 자는 유연하다. 작은 여울에서 굽이도는 물 허리에서 그 물길이 쉬어갈지언정 조급해 하지 않는다.

똑바로 갈 때 똑바로 가고 피해 가야 할 때 피해가며 거대한 물길을 만든다. 진정한 여유와 유연성은 큰 방향성에서 나온다. 이 세상에 똑같은 강은 없다. 지향하는 삶의 방향성이 유일한 그 자신의 강이 될 것이다. 이와 관련하여 짐 콜린스는 『짐 콜린스의 경영전략』에서 단호한 결정이 외골수적 실행을 의미하는 것이 아니며 새로운 정보나 환경에 마주쳤을 때는 그 상황에 맞는 유연한 변화가 필요하다고 강조한다.

전략적 차원에서 방향은 명확하되 또한 전략의 성과차원에서 유연성을 확보해야만 한다. 경직된 방향성은 방향성이 없는 것보다 낫겠지만, 개인과 조직을 위험에 빠트리곤 한다.

방향성의 명확에도 불구하고 개인과 조직을 실패의 나락으로 빠트리는 중요한 원인 중 하나가 확증편향Confirmation bias의 오류이다.

확증편향은 본래 가지고 있는 생각이나 신념만을 받아들이고 다른 것은 무시하려는 심리적 경향성이다.

확증편향성을 방향의 역동성으로 착각해서는 안된다. 역동성은 유연한 활동성을 가지고 있다는 것이기 때문이다. 반면에 확증편향은 경직된 신념의 발로이다 보니 자신과 다른 사고나 아이디어를 찾으려 노력하지도 않고 다른 사고나 아이디어의 출현을 자신에 대한 도전으로 인식하고 적대시한다.

일종의 균형이탈현상인 확증편향은 방향역동성의 주요 변수인 유연성을 위협하기도 하지만 인간관계에 있어서도 암적인 사실개념이다. 확증편향에 빠지지 않으려면 세가지를 경계하여야만 한다. 첫째, 과잉 매력몰입이다. '첫 눈에 반했어요'라는 말을 많이 듣는다. 첫눈에 반한 콩깍지 현상인 과잉 매력몰입도 감정적 확증편향의 한 종류이다.

매력의 몰입이 진행되면 눈에 콩깍지를 씌우는 페닐에틸아민, 쾌감을 제공하는 도파민, 즐거움을 선사하는 엔도르핀, 동기부여를 하는 노르에피네프린 등의 신경 전달물질이 뇌에서 분비되어 극한 쾌락의 무대로 이끈다. 축제의 흥분 속에 빠진 사람에게 축제장 밖에서 쏟아지는 폭우는 눈에 들어오지 않는다. 사랑은 아름답고 꿈꾸는 일이지만 축제의 호르몬이 춤추는 매력의 함정은 매력 너머의 치명적 리스크를 못 보게 만든다. 뜨거운 사랑이 고통으로 끝나기 전에, 더이상 헤어나기 힘들기 전에 매력 너머의 리스크를 살펴볼 수 있는 지혜가 삶에서는 매우 중요하다. 뜨거운 열정의 계절이 지나고 성숙한 사랑의 계절이 찾아오면 적절한 자기 균형과 정서적 평화를 제공하는 행복 호르몬이라는 세로토닌serotonin이 찾아온다.

둘째, 정답 단일성의 착각이다. 우리는 교육을 통하여 하나의 정답을 찾는 연습을 해왔다. 다양한 답을 찾는 개방형 교육이 아니라 하나의 답을 찾는 폐쇄형 교육환경은 '답은 하나이다'라는 정답 단일성 착각의 패러다임을 구축시켰다.

그 상황이 요구하는 답은 하나일지언정 접근하는 방법의 답은 무한히 존재한다. 정답 단일성의 사회는 창조성을 가로막고 제한된 파이에 집착하는 사회경쟁과 갈등의 극한적 사회분위기를 조성한다. 정답에 대한 상대적이고 개방적인 환경의 제공과 인식의 노력이 확증편향의 위험성을 조절시켜준다. 이와 같은 우리나라 교육환경에 대하여 조벽 교수는 초·중·고등학교 정문과 홈페이지 등에는 교육목표가 '창의적 인재 양성'이라고 뚜렷이 명시되어 있지만 교육내용을 들여다 보면 창의성 계발과는 한참 거리가 멀다고 지적을 한다. 그는 이런 현상을 동력은 대단하나 방향의 잘못된 설정으로 궤도에 진입하지 못하거나 우주에서 미아가 되는 로켓에 비유하고 있다. (『조벽 교수의 인재혁명』, 해냄)

셋째, 프레임의 철창현상을 경계해야 한다. 짐승이고 사람이고 하나의 울타리 안에 가두는 것은 관리에 쉽다. 그러나 편의적 프레임 의존 현상은 왜곡된 의도성을 만들고, 개인과 사회의 건강성을 훼손시킨다. 사회가 프레임의 철창에 몰입될 때 사회는 광기의 사회로 변한다. 광기의 사회는 사악한 권력자의 목표이고 그들이 원하는 생태환경을 조성한다. 인류역사를 통하여 수없이 이런 현상이 반복되어왔다.

히틀러의 나치, 일본의 군국주의, 스탈린의 피의 숙청, 크메르 루즈의 집단학살, IS집단의 테러리즘 등 근현대에서 인류는 프레임의 철창이 만드는 광기역사 속을 걸어왔다.

방향을 멀리 보고 걸어가되, 나만이 정답이라고 주장하지 말자. 저들이 틀렸다고 주장하지 말자. 누구나 자신의 길이 있고 누구나 그의 답이 있다. 긍극적 목적은 같겠지만 그 길을 도달하는 방법은 다양하다. 방법의 개방성과 선택의 유연성을 가진 사회가 역동적 방향성을 가진 사회이다. 독선의 광기가 지배하는 사회는 붕괴의 비극을 잉태한 사회이다.

> "전략이 장기적으로 지속 가능한 것은 세상이 끊임없이 바뀌기 때문이다. 따라서 살아있는 생동감 있는 전략이 필요하다. 전략가에게 필요한 기술은 '유연한 반응성'이다. 가장 기본적인 전제도 바꿀 수 있는 유연성이다."
>
> -신시아 몽고메리, 동아 비즈니스포럼2013

개미들도 워렌 버핏도 방향성은 있다

열심히만의 시대는 지나갔다고 했다. 모두들 행복의 목표를 위하여 살아가고 있다. 그러나 방향성을 가졌다고 생각하지만 어느 순간 세상의 개미로 전락되는 이유는 무엇일까?

워렌 버핏과 개미의 차이를 만드는 방향성의 요인은 2가지다. 그
것은 구간사고section think와 자기 제로섬self-zero sum현상이다.

구간사고는 장기 구간사고long termed section think와 단기 구간사고short
termed section think로 나눠서 볼 수가 있다.

워렌 버핏은 10년 이상 묻어둘 생각이 아니라면 투자하지 말라
고 한다. 워렌 버핏의 부는 장기 구간사고에서 시작된 것이다. 그러
나 개미들은 단기 구간사고를 통하여 부에 접근하려고 한다. 잡힐
듯 잡히지 않는 숫자의 변동은 신기루처럼 존재하고 빈털터리가 되
고 만다.

한마디로 워렌 버핏은 장타를 때리고, 개미들은 단타를 때린다.
매일매일이 제자리인 단타 인생이다. 개미들의 단기 구간적 사고에
따른 단타행동은 장기 구간사고를 하는 이들의 여백을 채워주는 희
생양 역할을 한다. 행복과 부는 장기적 방향성을 요구하는데 대부
분의 사람들은 단기적 구간사고 속으로 걸어가고 있다. 일시적 성
취는 존재하겠지만 장기적 성취차원에서 결함과 위험성에 직면할
수밖에 없다.

개미와 워렌 버핏의 방향성에 있어서 두 번째 차이를 만드는 요인

은 자기 제로섬self zero sum현상이다. 일반적인 제로섬zero-sum게임은 사회 전체 자원의 배분에 따른 불균형의 현상으로서 사회 전체의 파이를 키우고 배분의 룰을 공정하게 관리하면 적절한 차선의 만족을 창출할 수 있다. 반면에 자기 제로섬 현상은 개미들의 자기 소진self burning현상이다. 더 늘어나지 않고 제한된 파이라는 한계 속에서, 심지어는 신용으로 빌린 타인의 파이로 모든 것을 거는 러시안 룰렛 게임이 개미들의 자기 소진형 제로섬 게임이다.

단기적 구간 사고를 통하여 약간의 이익을 만들어 내지만 그 이익은 내일의 투기를 위한 달콤한 미끼역할을 한다. 어제의 이익을 떠올리며 다시 시장 속으로 뛰어들어 간다. 시간이 흐를수록 자본은 감소하고 결국 빈털터리로 나온다. 장기적 투자자와 중간 브로커들의 배만 불리는 충실한 희생자 역할을 하는 것이다. 사회의 파이가 아니라 자신의 파이를 가지고 스스로 만족하고 스스로 소진시키는 자기와의 게임은 결국은 자기파탄의 우를 범하게 만든다.

자기 소진의 자기 제로섬 현상이 발생하는 것은 장기적 전략에서 필요한 여유의 결핍이다. 자원과 시간의 한계는 단기적 구간행동, 대박의 욕망을 촉진시키고 끝없이 자기 소진의 행동을 유발시킨다. 자원의 여유를 가진 시스템화된 기관들은 그들이 스스로 소

진되어 갈수록 배가 불러간다. 개미들의 단타가 늘어날수록 기관
은 장타를 날린다.

투자자들에 한해서 더 많은 거래를 할수록 실적은 줄어들 것이다.

-워렌 버핏, 2005년 투자자들에게 보내는 편지

방향역동성은 장기적 구간사고에 기반한다. 자기 제로섬의 위험
을 유도하는 조급에서 벗어난 행동이다. 장타를 치려면 시선을 멀
리 놓으면 된다.

자기 소진의 흥분을 방향역동성이라고 착각해서는 안 된다. 멀리
바라보며 긴 호흡 속에서 조급하지도 동요하지도 않는 담대함 속에
방향역동성이 존재하기 때문이다.

길을 찾으면 길에서 멀어지고,
길이 많으면 길을 잃는다

길이 많으면 길을 잃는다. 옛 길은 단순했다. 1번 국도, 3번 국도, 경강국도 등, 누구나 아는 길들이 앞에 있었고 목적지가 명확한 사람들에게 길의 선택은 고민이 아니었다. 지금은 하룻밤 자고 나면 길이 생긴다. 네비게이션 없이는 목적지를 찾아갈 수 없는 시대이다.

현대인을 방황에 빠트리는 것은 선택지가 적어서가 아니라 선택지가 너무 많이 존재하기 때문이다. 결과는 불확실하지만 너무도 많고 너무도 달콤한 선택지가 직업, 정보 등으로 꽉 차있는 시대이다.

어느 때보다도 전략이 필요한 시대이다. 전략은 목적 달성을 위해서 가야 할 길이다. 그러나 현대인들은 전략을 쉽게 가지지 못한다. 선택지의 제한성이 아니라 선택에 따른 불안이 선택을 주저하게 만들기 때문이다. 선택하지 않은 다른 많은 선택지들이 끝없이 불안을 추동질하기 때문이다. 방향역동성은 호객꾼들이 넘치는 시장통을 흔들림없이 걸어가는 것과 같다.

방향역동성은 방향을 선택한자들의 열정적 실행이다. 전략적 선택을 위해서 필요한 것이 버림과 결단이다.

모든 시작의 본질은 단출함이었다. 가벼운 육체와 영혼은 풍요로움을 만든다. 풍요가 쌓일수록 성장과 발전은 탄력을 잃어버린다. 많은 불필요한 것들이 개인과 조직의 짐으로 다가서기 때문이다. 어제의 힘이었더라도 오늘 움직이지 못하고 힘을 빼가기만 하고 생기를 주지 못하는 것은 개인과 조직에게 있어서 죽은 짐에 불과하다. 인생과 조직은 골동품가게가 아니다. 생명을 잃은 것들의 수집센터가 아니다.

항해하던 배가 느려지고 침수가 될 때 제일 먼저 하는 일은 배 안의 물건을 버리는 일이다. 나의 배가 가라앉기 전에 불필요한 짐들을 버려야만 한다. 짐이 나를 불행하게 하는 것이 아니라 버리지 못하는 내가 나를 불행하게 할 뿐이다.

"무소유란 아무것도 갖지 않는 것이 아니라 불필요한 것을 갖지 않는다는 뜻이다. 무소유의 진정한 의미를 이해할 때 우리는 보다 홀가분한 삶을 이룰 수가 있다."

-법정

지금 당장 필요한 것, 나의 삶에서 가장 중요한 가치를 제공하는 것이 아니라면 그것은 버려야 할 대상이다. 버릴 수 있는 용기를 가진 자는 방향역동성을 얻는다. 다시금 경쾌한 삶의 활기를 찾는다.

버릴 수 있다는 것은 결단을 의미한다. 우유부단은 최악의 리더들이 가지는 고질병이다. 결단은 버림이 포함된 선택을 의미한다. 결단은 손실을 각오한 선택행위이다. 내게 결단력이 있다는 것은 하나의 선택에 따른 다른 손실을 기꺼이 받아들이는 용기가 있다는 것이다.

개미들은 왜 투자에서 피눈물을 흘리는가? 그들은 작은 이익과 손실에 집착한 선택은 쉽게 하지만 손실을 감수한 버림의 선택에는 미숙한 자들이다. 손절매는 투자의 가장 큰 전략이다. 개미들은 손자만 들어가도 부르르 몸을 떤다. 투자가 손해를 감수하는 결단의 행동이라는 것을 그들은 이해를 못한다. 손해를 감수한 손절매를 할 수 있는 자만이 비로소 투자자가 된다. 그게 아닌 이상 결국 눈물 흘리며 떠나는 투기꾼을 벗어나지 못한다.

버리지 못하고 결단하지 못하는 습관이 그냥 이곳에서 무너지는 길 앞에서 길을 선택하지 못한 채 허송세월 하는 무너지는 삶을 만든다. 매일매일의 삶은 선택을 요구한다.

두 마리 토끼를 잡겠다는 것은 허구다. 눈이 온 날 이리 뛰고 저리 뛰는 산토끼를 잡는 방법은 한 마리의 토끼를 선택하고 그 토끼가 가는 길을 파악하여 그곳에 올가미를 놓는 것이다. 두 마리의 토끼를 잡겠다는 생각을 가진 자는 토끼와 뛰어 놀다 오겠다고 결심하는 자이다.

가장 중요한 목표는 1년을 통틀어도 5가지를 넘지 않는다. 1달을 통틀어도 5가지를 넘지 않는다. 하루를 통틀어도 5가지를 넘지 않는다. 나머지는 버려라. 방향의 역동성은 버리고 선택하는 자들의 길이다,

버릴 수 있는 자에게 비로소 한 마리의 토끼가 눈에 보인다. 해지는 겨울산을 그는 그 토끼를 둘러메고 내려갈 수 있다. 그는 용기 있는 자이고 결단력 있는 자이며, 방향역동성이 있는 자이기 때문이다.

길을 찾는 자는 길을 보지 못할 것이다. 길이 너무 많은 사람은 길을 잃을 것이다. 길은 만들어진 흔적이되 우리가 갈 수 있는 길은 오직 하나이다. 술에 취할지언정 길에 취해 길을 잃는 우를 조심해야만 한다,

"나는 날마다, 모든 면에서, 점점 더 좋아지고 있다.

(Day by day , in Everyway, I am getting better and better.)"

-에밀 쿠에-

방향역동성은 자신이 가진 에너지를 극대화시켜 바람직한 성과를 창출하기 위한 방향의 설정과 집중의 활동이다. 방향역동성은 상상을 기초로 하되 의지가 수시로 개입하는 자기긴장확보에 관한 것이다. 수시로 다음과 같이 방향역동성의 자기 암시를 암송하거나 자신에게 이야기하여 보자! 무의식은 의식을 받아들일 뿐이다.

"나는 언제나 나의 삶의 목표가 명확하다. 매일매일 내가 무엇을 해야 하는지 잘 준비되어 있다. 내가 가는 길은 빛처럼 빛난다."

위의 자기 암시든 자신이 만든 자기 암시든 메시지를 말할 때 밝고 힘찬 빛을 상상하며 하라. 그리고 수시로 주문처럼, 기도문처럼 조용히 중얼거려보자. 그 기적의 열매는 자신의 몫이다.

럭비는 경기가 끝날 때까지

오직 길을 만들고 전진을 하는 행동으로 채워진다.

나도 팀도, 앞으로 나아가려 할 때, 살고,

멈추는 순간, 죽는다. 끝없는 도전의 행동이 승리이다.

그래서 럭비는 공격의 성공을 TRY라고 한다.

극세척도 克世拓道

"현재의 어려움을 극복하고 새로운 길을 만들어 나간다."

세 번째 프레밍 **실행역동성**

성장변수 Go forward

멈추면 죽는다!

멈춘 순간에 길은 끊어진다
걸어가는 자만이 길을 간다

럭비경기를 지켜보면 볼을 가지고 멈추는 선수는 없다. 멈추면 죽는다는 것을 그들은 알기 때문이다. 자신이 죽고 팀이 죽는다는 것을 알기 때문이다. 볼을 잡은 선수의 상체는 항상 앞을 향한다. 넘어져도 그들은 앞으로 전진하다가 넘어질 것이다.

그들은 Go Forward를 외친다. 단순한 표현이지만 그 말속에는 깊은 의지가 압축되어 있다. 개인과 조직이 살아가야 할 답이 제시되어 있다. 지속적인 도전의 GO. 미래를 향한 방향성의 Forward. Go Forward의 정신은 혼돈의 시대에 명쾌하게 해법을 제시한다. 인류가 지속되는 한, 인류의 진보를 설명할 메시지이다.

앞으로 나아간다는 것은 닦아놓은 길을 찾아간다는 것이 아니다. 애초에 길은 없었다. 우리가 길이라고 뛰어드는 그것조차도 애초에 길은 아니었다. 단지 누군가가 길 없는 길을 걸어가면서 길의 흔적이 생겼고 많은 사람이 그 흔적 위를 걸어 다니며 길이란 믿음의 흔적이 만들어졌을 뿐이다.

만들어진 길이 가야 할 길이면 가라. 그러나 길이 없더라도 멈추지 마라. 길은 존재하는 것이 아니라 만들어진 믿음의 흔적이기 때문이다. 오늘 우리는 나도 모르는 새 나만의 흔적이란 길을 만들며 살고 있다. 길을 도대체 누구에게서 찾는단 말인가?

"우리는 전진을 계속한다. 전진이란 단지 앞으로 나아간다는 뜻 뿐만 아니라 꿈꾸고 일하며, 보다 높은 생활의 노하우를 축적하는 일이다."

-월트 디즈니

하다 못해 산에 가면 동물들조차 자신들만이 다니는 길을 만들거늘 스스로 우월하다고 말하는 인간으로 태어나 길을 만들려 하지 못할 때 비바람 맞으며 숲 속을 거니는 동물보다 낫다고 어찌 말할 것인가. 인간이 부단히 걸어간 길이 인간의 깊이를 만들었다. 걸어가는 자만이 길을 걸어간다. 멈춘 순간 길은 끊어진다.

"혁명의 시대에 당신 기업이 번영하기를 원한다면 최고경영자에서 하위관리자까지 모든 사람에게 내일의 기회를 창출하고자 하는 도전의식을 불어넣어주어야 한다. 혁명가들은 주어진 부를 분해하거나 보존하는 데는 관심이 없다. 오로지 창출하고 건설하는데 온 힘을 기울일 뿐이다."

-게리 해멀

사유는 관념이지만 행동은 팩트다

지금 당신은 행복한가? 지금 당신은 만족스러운가? 어떤 답이 나오든 현재의 나를 만든 것은 생각이 아니라 행동이었다. 사랑의 감정을 소유하는 것이 목적이라면 사유가 사랑의 주인공이겠지만 사랑의 아름다운 소통이 목적이라면 사랑은 생각을 넘어 행동으로 표현될 때 비로소 완성된다. 멍청한 사람들은 그저 좋아할 뿐, 사랑을 표현하지 못한다.

포춘지에 이런 글이 실린 적이 있다.

"실패한 사람들을 보면 그들이 똑똑하지 않거나 비전이 없어서 실패한 것이 아니다. 실패한 사람들의 70% 정도는 매우 단순하고도 치명적 약점인 실행력이 없었기 때문이다."

삶이 고뇌로 가는 사람들의 특징을 보면 생각이 많다. 참으로 우주를 수천억 번 창조할만한 사유를 한다. 그러나 그 사유조차도 궁리보다는 고민이고 방법보다는 갈등이다. 생각의 늪에서 길을 잃어버린 채 시간을 보낸다.

행동에 힘이 되지 않는 사유는 번뇌이다. 생각만 하는 삶을 열심히 사는 삶이라고 말하지 말자. 언젠가 마지막 생각의 순간에 후회가 되는 단 한가지는 실행하지 못한 것에 대한 뼈저린 회한이다.

"기업이란 현실이요. 행동함으로써 이루는 것이다. 똑똑하다는 사람들이 모여 앉아 머리로만 생각해서는 기업이 클 수 없다. 우선 행동해야만 한다."

-아산 정주영

사유의 늪에서 벗어나야만 한다. 행동이 멈춘 순간 사유의 늪은 우리를 정체와 퇴보로 이끈다. 우리의 삶이 요구하는 것은 사유를 위한 사유가 아니라 행동을 위한 사유이다.

사유의 목적은 행동이고 사유의 주인은 행동이다. 행동을 향한 사유는 우리에게 자유를 주지만 사유를 위한 사유는 자기부자유를 제공한다.

"숙고할 시간을 가져라. 그러나 행동할 시간이 오면 숙고를 멈추고 행동하라."

-나폴레옹 보나파르트

오직 움직이며 생각해야만 한다. 그리고 또 움직여야만 한다. 그 속에서 일은 만들어진다. 비즈니스는 존재하지 않는다. 오직 만들어질 뿐이다. 고객은 기다리지 않는다. 찾아가는 곳에 고객이 있을 뿐이다.

동기부여 강사인 아모스Amos에게 어떤 여성이 고민을 털어 놨다.

"제가 지금 로스클에 입학하여 졸업을 하면 55세가 되는데, 공부를 시작해야 할지 고민입니다."

아모스가 말했다. "만일 지금 하지 않으면 55세가 되어서도 똑 같은 고민을 하고 있는 자신을 바라보게 될 것입니다."

성공을 향하여 걸어가는 사람들은 스스로 묻는다. 지금 무엇을 하고 있지? 무엇을 해야만 하지? 그 질문에 답하기 위하여 사유 할뿐이다. 삶은 사유를 캐러 온 여행이 아니다. 행동을 캐러 온 여행이다.

"무언가를 시작하려면 말을 멈추고 일단 행동에 돌입해야 한다."

-월트 디즈니

이제 사유를 쉬게 하라! 행동이 나설 때이다. 지금 하라! 분명한 사실은 지금 하지 못하면 다시는 못한다는 것이다. 인생은 오직 지금Now일뿐이기 때문이다.

"내 결론은 이렇다. 당신의 심장이 빨리 뛰는 만큼 행동을 더 빨리 하고 그것에 대해서 생각해 보는 대신 무언가를 그냥 하라. 가난한 사람들은 공통적인 한 행동 때문에 실패한다. 그들의 인생은 기다리다가 끝이 난다."

-알리바바의 마윈회장

바람직한 현실을 창조하는 실행역동성

역동성은 생명의 본질이다. 에너지가 넘치는 모든 생명이 품은 통일된 설명력이 역동성이다. 저 아래의 단세포 동물부터 인간이라는 영장류까지 힘차게 살아 있음을 설명하는 것이 역동성이다.

그러나 인간에게는 본능을 초월하는 의지가 존재한다. 의지에 기반한 역동성이 실행역동성이다. 인간은 가치를 지향하고 행동을 통하여 가치를 구체적으로 창조한다. 우리는 그런 행동들을 도전과 실행이라고 부른다.

실행역동성은 성과를 창출하는 전략으로서 지속적으로 바람직한 가치에 도전하고 창조하는 태도를 의미한다.

실행역동성이 상품上品에 해당되는 사람의 특징은 말이 아닌 행동으로 그의 가치를 설명하며 생각이 아닌 행동으로 그의 생각을 설명하는 사람이다. 그는 말과 행동이 일치하는 사람이다.

실행역동성이 중품中品인 사람의 특징은 사유와 말은 충만하나 행동과의 연결이 불안하다. 때때로 일치하고 때때로 불일치하니 이들은 말과 행동의 줄타기를 하는 삶을 살고 있다. 대부분이 이에 속하며 우리는 이들을 대중mass이라고 한다. 자기갈등에 빠지기 쉬운 집단이 실행역동성 중품中品의 집단이다.

디즈니랜드 건설 중, 디즈니의 제안이 비현실적이라며 부정적 의견을 보인 엔지니어에게 디즈니는 이렇게 말을 했다고 한다.

"해보기도 전에 포기하겠다고? 우리들은 높은 목표를 가지고 있으니까 아무리 많은 일이라도 끝까지 해낼 수 있다네. 자, 돌아가서 한 번 더 해봅시다."

실행역동성이 하품下品인 사람의 특징은 행동의 결핍과 언행의 불일치이다. 이에 대하여 부끄러움이 없으며 세상의 행동을 부정하고 방해하고 음해하며 궤변으로 자신들의 논리를 합리화시키는 무리들이다.

그들은 행동하기 보다는 말할 뿐이다. 그들은 반성하기 보다는 합리화하려고 한다. 사회나 국가가 쇠퇴의 징조를 보이는 시대에 이런 실행의 하품下品들이 득세를 한다.

가장 위대한 언어는 행동이다

정치인, 사기꾼, 선동가들의 공통점은 무엇인가? 좋은 말을 가장 잘 이용하는 사람들이다. 말과 행동의 조화가 깨진 사람들이다. 행동박약의 결정적 자기 약점을 안고 살아가는 사람들이다. 타락한 행동을 은폐하기 위하여 아름다운 말을 쓰고 정의로운 단어를 만들어내는 사람들이다.

> "도를 닦는 사람들은 모름지기 '살아 있는 말'을 참구할 일이요. '죽어 있는 말'을 참구하지 말지어다."
>
> -『선가귀감』, 서산대사

사회가 혼란스러울수록 그 기저에는 말의 인플레이션현상이 발생을 한다. 참으로 많은 말들이 만들어지고 많은 말들이 현상을 분석한다며 쏟아져 나온다.

행동력 부족의 사회는 필연적으로 사회 건강성에 문제를 일으킨다. 성과를 만드는 실행의 긴장이 사라질 때 그 자리를 차지하는 것은 말이다. 자만을 부추기는 것은 말이고 게으름과 부정의 그림자를 변호하는 것은 말이다.

지금 우리는 많이 알지만 많이 행동하지 않는 시대를 살고 있다. 말이 넘치지만 행동이 부족한 시대를 살고 있다. 자신의 행동에는 관대하면서 타인의 행동에는 엄격한 궤변의 시대를 살고 있다.

조벽 교수는 『조벽 교수의 인재혁명』(해냄)을 통하여 정보화 시대의 교육목적은 무언가를 알게 하는 게 아니고, 뭔가 할 수 있는 능력을 부여하는 것에 있으며 '알고 있다'가 아니라 '할 수 있다'가 중요한 세상이 되었으며, 이에 따라 인재의 정의도 달라지고 있다 라고 설명한다.

궤변이 용납되는 사회는 무질서한 사람들이 살기 좋은 사회이다. 무질서의 엔트로피가 증가되는 사회이다. 행동보다는 말이 지배하는 사회이다.

지금 같은 시대 정주영 회장의 '해 보기 해봤어'라는 질책이 그리워진다. 세계가 경이로운 감탄을 보내던 대한민국의 경제적 발전은 말이 아니라 행동력이 만든 작품이다. 우리는 지난 역사의 성과를 통하여 행동력의 힘을 체험하였다.

행동의 역사가 말의 역사로 대체되어 가고 있다. 번영이 있는 개인과 조직은 행동이 지배를 하고, 파멸과 갈등, 소멸의 개인과 조직에는 말이 지배를 한다. 한국을 대표하는 이미지인 '빨리, 빨리'도 긍정적 관점에서 바라보면 말이 아닌 행동의 힘을 표현한 말이다. 우리를 가장 위대하게 만든 것은 행동이었다.

"모든 성공한 사람들을 묶어주는 공통점은 결정과 실행 사이의 간격을 아주 좁게 유지하는 능력이다."

-피터 드러커

행동하지 않기에 평범할 뿐이다. 행동하지 않기에 후회스러운 삶을 근근히 살아갈 뿐이다. 응애 하는 소리를 외치며 어머니 뱃속에서 주먹을 불끈 쥐고 나온 생명의 소명은 생각이 아니라 행동이다.

"당신은 세상의 가장 좋은 전략과 나란히 할 수 있다. 실행이 전략의 90%를 차지한다."

-엘프레드 브리테인

성을 쌓는 민족은 망하고 멈춘 자는 사라진다

"성을 쌓는 민족은 망한다."

돌궐의 맹장이 한말이다. 누가 역사의 제국을 만들고 개인의 제국을 만드는가. 실행을 멈추고 안정을 찾아서 성을 쌓는 국가와 개인이 아니다.

성의 유혹을 벗어나 행동의 들판을 달려서 성을 깨러 갔던 민족과 개인이 위대한 역사를 만든다는 것은 너무도 보편화된 사실들이다.

기원전 3세기에 동쪽의 로마는 15만km에 이르는 길을 만드는 역사를 시작했고 같은 시기에 서쪽의 진나라는 5천km에 이르는 만리장성 축성의 역사를 시작하였다. 뻗어나가려는 민족은 결국 흥하였지만 지키려는 민족은 무너졌다.

『로마인 이야기』에서 시오노 나나미는 두 민족의 이런 사고 방식의 차이가 중국과 로마라는 고대 두 강국의 운명을 결정하게 만들었다고 말한다.

어떤 사회나 조직, 개인의 미래가 밝은지 어두운지를 살펴보려면 그 사회, 조직, 개인이 쓰는 언어들을 살펴보면 알 수가 있다. 도전, 창조, 실행, 모험, 위험 감수, 결단, 개척, 미래 등의 단어들이 사라지고 그 자리를 안정, 안전, 유지, 보호, 중립, 모방, 과거 등의 용어가 대체되고 있다면 그 사회나 개인은 쇠퇴의 경로로 들어가고 있는 것이다.

"위험을 감수할 의지도 없고, 미지의 사업에 진출하려는 의욕도 없고, 익숙한 과거와 헤어지기도 싫다면 그 기업은 번영할 수 없다."

-피터 드러커

새로운 가치를 향한 도전의 의지가 사라지는 순간 역사의 문은 닫혀진다. 도전은 리스크에 대한 적극적 수용을 전제로 한다. 일반적으로 위대한 기회는 최고의 리스크를 품고 있다.

"미국인은 유럽인들보다 훨씬 더 미래의 목표를 위해 산다. 미국인의 삶은 한번도 완성된 적이 없다. 항상 완성이 되어 가는 중이다."

-아인슈타인

한국의 창업 열풍과 그렇게 많은 정부예산 지원에도 불구하고 창업이 뿌리를 못 내리는 가장 중요한 원인은 창업을 가치 있는 도전이 아니라 일확천금의 대박차원으로 바라보는 풍토에서 찾을 수가 있다.

세계기업가정신발전기구GEDI의 2016년 11월 조사발표자료에 의하면 한국의 세계 기업가정신 지수Global Entrepreneurship Index는 27위, 1위는 미국이었다. 미국에서 창업은 실패에 대한 당연한 인식에서 출발한다. 평균 창업의 73%는 실패를 한다는 것을 받아들인 채 그들은 시도를 한다.

"실패하라. 승리하면 조금 배울 수 있지만, 패배하면 모든 것을 배울 수 있다."

-크리스티 매튜슨

그러나 실패를 중요한 도전의 사회적 자산으로 인정하지 않는 한국사회에서 실패는 패배와 낙오로 해석된다. 실패하지 않기 위한 실행은 한 사회나 개인이 가진 무한 잠재력을 위축시키고 실행력 결핍의 사회로 이끈다.

사랑이 품은 고통을 이해하는 사람은 사랑을 할 수가 있다. 사랑의 고통이 두려운 사람은 그가 찾는 진정한 사랑을 경험할 수가 없다. 삶이 품은 가시 같은 고통을 품는 사람만이 참다운 인생의 사랑을 만든다.

실패하지 않는 경영자는 경영자가 아니라며 경영자의 자질로서 실패를 필수조건으로 강조하는 야나이 다다시 유니클로 회장은 자신의 성공비결이 실패라고 주장한다. 또한 그는 도전하고 실패하고 또 도전하라고 세상에 촉구한다.

하나의 생명과 사회가 죽음의 길로 들어섰을 때 그들이 보여주는 특징은 안정과 안전이라는 성에 대한 병적인 집착과 몰입이다. 불안정보다 더 두려운 것이 아무것도 안한 채 죽어가는 것이다. 도전하기에 살아 있을 뿐이다.

"청춘은 인생의 한 시기가 아니고 그것은 마음의 한 상태이다. 우리는 우리의 이상을 버림으로써 늙는다. 나이는 피부를 주름지게 할지 모른다. 그러나 열정을 포기하는 것은 영혼을 주름지게 한다. 근심, 공포, 자기불신은 가슴의 기를 꺾으며 넋을 먼지로 돌아가게 한다."

-『청춘』, 롱펠로우

죽어감의 징표는 머뭄이다. 소멸하는 생명들은 머뭄의 행동이 그의 시간을 지배한다. 몸의 채움에 머물면 병이 되고, 마음이 채움에 머물면 번뇌가 되고 정신병이 된다. 머물고 집착할수록 생명은 무너지기 시작한다. 머묾의 성을 쌓는 자는 죽음을 준비하는 것이다. 전진을 멈추고 머묾의 성을 쌓는 사회는 서서히 쇠퇴기로 접어든 것이다. 머묾의 성이 번영을 설명한 역사는 없다. 역사에 예외는 없다. 성을 쌓는 민족은 망하고 멈춘 자는 죽어갈 뿐이다.

"죽음을 두려워 할 것이 아니라 녹스는 삶을 두려워 해야 한다."

-법정

정상이 아니라 길에 답이 있다

산악인 박영석씨를 기억하는가? 2005년에 세계 최초로 산악 그랜드 슬램을 달성하고 최단 기간 내에 히말라야 8,000미터 고산 14좌를 정복한 기록도 갖고 있는 위대한 산악인이다. 그러나 그를 위대하다고 하는 것은 단순한 기록이 아니라 그가 추구한 산악인의 철학 때문이다.

자신의 업적을 가지고 삶에 안주해서 살 수도 있는데 계속 도전을 하는 그에게 왜 그런 고생을 계속 하냐고 물었더니 그가 이렇게 답했다고 한다.

"산을 올라야 산악인이죠. 동물원의 호랑이가 호랑이입니까. 저는 새로운 목표를 가졌습니다. 그것은 저 산을 남과 다른 방식으로 도전하는 것입니다. 즉, 코리안 루트를 개척하는 것입니다."

그는 코리안 루트를 개척하러 나섰다가 2011년 안나푸르나에서 실종되고 말았다. 그는 비록 사라졌지만 그의 도전정신은 안정과 안전만을 부르짖으며 나약함을 재배하는 비닐하우스 시대에 긴장의 경종을 제공하고 있다.

등산에는 새로운 길을 개척하려는 등로주의登路主義: mummerism와 단지 정상에만 오르는 것을 목표로 하는 등정주의登頂主義가 있다.

'뜻이 있는 곳에 길이 있다'라는 유명한 말을 남긴 19세기의 산악인 알버트 프레드릭 머머리Albert Frederick Mummery: 1855~1895로부터 탄생한 용어가 등로주의를 의미하는 머머리즘mummerism이다. 머머리는 진정한 등산은 '평범한 방법으로는 절대 오를 수 없다absolutely inaccessible by fair means', '보다 어렵고 다양한 루트more difficult variation route 로 오르라'고 주장을 하고 그 모범을 보였다.

기존의 패턴, 기존의 관행을 벗어난 새로운 시각과 행동이 요구되는 도전이 등로주의이다. 프랑스 등반가 알렝 드 샤텔리우스의 말대로 '길이 끝나는 데서 비로소 등산은 시작된다'. 박영석씨는 정상의 기록에 연연한 등정주의가 아니라 새로운 길을 개척하는 도전의 등로주의를 추구하였다.

"참된 등산가는 하나의 방랑자이다. 내가 말하는 방랑자는 일찍이 인류가 도달하지 않은 곳에 가고 싶어 하는 사람, 일찍이 인간의 손가락이 닿지 않은 바위를 붙잡거나, 대지가 혼돈에서 일어난 이래 안개와 눈사태에 그 음산한 그림자를 비쳐 온 얼음으로 가득 찬 낭떠러지를 깎아 올라가는데 기쁨을 느끼는 사람을 의미한다. 바꾸어 말하면 참된 등산가는 새로운 등반을 시도하는 사람인 것이다. 그는 성공하거나 실패하거나 마찬가지로 그 투쟁의 재미와 즐거움에 기쁨을 느낀다."

-영국 산악인, 앨버트 머머리(1855~1895)

누구나 성공을 꿈꾸지만 그 성공이 세상에 의미를 제공하고 존경을 낳는 것은 등로주의 철학에 의한 성공이다. 지금의 우리 사회는 등정주의 사회인가? 등로주의 사회인가?

등정주의가 지배하는 사회는 온갖 편법과 탐욕이 창궐하게 된다. 반면에 등로주의가 지배하는 사회는 새로운 가치가 만들어지고 세상의 기준이 되며 건강한 권위가 생성되게 된다.

실행은 고결해야만 한다. 탐욕을 위한 실행은 건강한 실행이 아니다. 그 끝이 추하다. 이 시대에 절실히 요구되는 것은 등로주의에 의한 실행이다.

등정주의는 좌절과 스트레스를 낳지만 등로주의는 보람과 가치를 만들어 낸다. 그 사회와 개인의 이름을 명예롭게 하고 그만의 브랜드를 제공하며 명예로운 자본과 권력의 축적을 가능하게 한다.

영국에서는 위대한 등로주의의 역사를 남긴 인물들에게 귀족의 작위를 부여한다. 인류 최초로 에베레스트를 등정한 힐러리에게 경의 작위를 내렸듯이. 실행은 위대하다. 행동은 가장 위대한 언어이다.

삶은 실행일뿐이다. 그러나 그 실행을 진정으로 위대하게 하는 것은 건강한 실행이다. 새로운 길을 내려는 생명의 가슴은 언제나 살아서 뛰고 그 눈빛에는 생기가 돈다.

지금 우리는 아무도 가본 적이 없는 인류의 신기원이 창조되는 새로운 혁명의 시대를 향하여 걸어가고 있다. 이런 시대에 게리 해멀은 그의 저서 '혁명을 이끄는 리더십'(세종서적)에서 혁명의 시대에 번영을 꿈꾼다면 조직원 상하에 내일의 기회를 창출하고자 하는 도전 의식을 불어넣어야 한다고 주장한다. 진정한 혁명가는 부의 분배나 보존이 아니라 창출과 건설에 관심을 기울이기 때문이라고 그 이유를 설명한다.

4차 산업시대의 영웅은 아무도 가지 않은 그 길을 걸어가려는 그들이다. 누군가 걸어간 길만을 찾는 사람들에게 4차 산업시대는 암흑의 시대일 뿐이다.

삶의 역동성을 만드는 트라이

누구나 자유를 꿈꾼다. 암호화폐가 복잡한 연산의 대가라는 채굴을 하듯이, 자유 또한 환경에 대한 인간의 치열한 투쟁이라는 채굴과정을 통하여 비로소 탄생하는 가치이다. 문제는 자유라는 것이 암호화폐와 같은지라 눈에 보이지도 않고 절대적 결정체로 존재하지도 않는다는 것이다. 자유를 궁극적이고 부동의 결정체로 생각하며 쫓아가는 한 자유는 요원해진다. 가치는 변하는 것이며 유지

또는 발전시키려는 자기연산이나 투쟁이 없는 한 사라지는 것이다.

자유는 지속적이고 불굴의 투쟁이라는 삶의 과정 속에서 얻어지는 부산물일 뿐, 영원히 지속되는 절대적 결정체가 아니다. 어제의 자유가 오늘의 자유로 이어지지 않는다. 자유를 유지하기 위한 노력이라는 환경이 조성되지 않는 한 자유는 기억 속으로 사라진다.

성공 또한 마찬가지이다. 성공은 2가지 관점에서 접근할 수 있다. 어떤 절대적 상태에의 도달로 생각하는 아웃 풋Out Put형 성공, 지속적으로 도전하는 과정 속의 결과물로 생각하는 트라이Try형 성공.

아웃 풋형 성공은 입신양명을 궁극적 가치로 추구하는 동양사회에 뿌리를 내리고 있는 성공의 양식이다. 경쟁적이고 상대적 우월성을 가진 상태의 성공, 과정보다 결과를 중시하는 성공이 아웃 풋형 성공이다. 반면에 트라이형 성공은 미국과 같은 합리주의를 중시하는 서구 사회에서 많이 발견되는 성공의 패러다임이다.

과정에 대한 중시, 실패에 대한 호의적 분위기, 경험의 중시, 절차의 공정성 등이 중심을 이루는 성공의 양식이다.

아웃 풋형 성공의 사회에서는 "TOEIC이 몇 점입니까?", "수능 점수가 얼마입니까?", "어느 대학을 나왔습니까?", "부모님의 직업이 무엇입니까?"를 묻는다.

반면에 트라이형 성공사회에서는 이렇게 질문을 한다. "청소년기를 어떻게 보냈습니까?", "장차 어떤 일을 하고 싶은가요?", "그 일이 갖는 사회적 의미는 무엇인가요?", "본인의 생각은 무엇인가요?"

아웃 풋형 성공사회는 소수의 성공과 다수의 좌절을 양산하는 사회이다. 결핍된 성공이 넘치는 사회이다. 1%의 범주에 든 사람이 1등을 못했다고 스스로 목숨을 끊는 사회이다. 건강한 성공에서 멀어진 사회이다. 경쟁은 있어도 다양성과 창의성은 없는 사회이다. 이런 사회에서 정치는 인기에 영합하는 미래가 없는 정치공학적 분배에 집중하며, 허락한 것 이외는 모두 불법적으로 판단하려는 포지티브positive전략을 선호하게 된다.

반면에 트라이형 성공사회는 다양한 성공이 존재하는 사회이다. 도전과 실패가 장려되는 사회이다. 모방보다는 창조를 높게 평가하는 사회이다. 자신만의 독특한 성공모델을 추구하는 사회이다. 타인과 경쟁하는 사회가 아니라 자신과 경쟁하는 사회이다. 인간 개개의 가치가 꽃피는 사회이다. 이런 사회에서 정치는 창조와 성장을 촉진시키기 위하여 법으로 정한 금지항목 외에는 허용을 하는 네거티브negative전략을 선호한다.

럭비는 득점을 트라이Try라고 한다. 럭비에서의 승리는 주어진 시간 내에 얼마나 많은 트라이를 했는가에 달려 있다. 트라이는 시도, 도전을 의미한다. 럭비가 역동적 스포츠로 평가되는 것은 도전의 가치인 트라이정신이 경기를 지배하기 때문이다.

삶도 비즈니스도 본질은 트라이에 있다. 정상이라는 아웃 풋형 성공관을 가지고 열심히 올라온 나그네에게 산은 질문을 던진다. "나를 만나려고 고뇌하고 갈등하고 달려온 그대여, 이제 무엇을 할 예정이십니까?"

산의 정상을 쳐다보며 올라온 자에게 남는 것은 올라온 과정의 기억과 심리적 안정감뿐이다. 그에게 남은 것은 다시 내려가야 할 과정이다. 삶은 그렇게 지속되는 도전의 과정이다.

"디즈니랜드에게 완성되는 일이란 없을 것이다. 지구상에 창조력이 존재하는 한, 계속 진보해 나갈 것이기 때문이다."

-월트 디즈니

길의 끝에서 비로소 등산이 시작된다는 말과 같이 온전한 성공은 오름과 내려감이라는 지속적 트라이 속에 존재한다. 전체의 그림을 만드는 트라이로 인하여 온전한 삶이 설명된다.

"하느님이 원하시는 것은 제가 성공하는 것이 아닙니다. 단지 충실하기를 원하시지요. 하느님은 결과를 따지지 않으십니다. 얼마나 충실했느냐만 보십니다."

-마더 테레사

트라이형 성공의 패러다임에서 보면 세상 어느 곳에도 패배는 없다. 매 순간 쓰러지고 넘어져도 다시 일어나는 그 생명의 트라이가 만드는 감동적인 성공의 이야기만 넘친다.

빅터 프랭클은 인간에게 필요한 것은 무긴장의 상태가 아니라 가치있는 목표를 향한 노력과 투쟁이라고 말한다. (『죽음의 수용소에서』, 청아)

삶을 어떤 결정적 상태의 한탕주의로 생각하는 우매한 시대는 흡사 상아를 얻기 위하여 코끼리 한 마리를 죽여버리는 사람들의 시대와 같다. 그런 시대에 과정은 단지 결과에 딸려 나오는 거추장스런 부속물로 여겨진다.

우매의 시대를 뛰어 넘어 성공을 부단히 가치를 창조하고 도전하는 트라이로 인식할 때 개인과 사회는 비로소 질서를 회복하고 건강한 궤도를 걸어가게 된다.

지금 우리가 느끼는 불만, 불평, 좌절은 어디에서 왔는가, 삶의 흐름flow을 만드는 트라이 철학의 부재로부터 열심히 사는 시대의 충만한 불행과 좌절이 시작된다. 오늘의 트라이가 삶의 전부라는 사실에서 멀어진 사회가 안고 가야만 하는 숙명적 피로물이다.

이런 시대를 향하여 짐 콜린스(『짐 콜린스의 경영전략』, 위즈덤하우스)는 곧바로 문제점에 맞닥뜨리라고 주문한다. 설령 옳지 않은 결정을 내렸더라도 그 결정에 따르라고 아울러 주문한다. 그러나 안타깝게도 대부분의 사람들은 실패에 대한 두려움으로 잘못된 결정이라도 내려야 한다는 말을 따르지 않는다고 말한다.

개인의 잠재역량은 무한하지만 모두가 사회적 성공을 이룰 수는 없다. 개인이 자신의 자원을 평가하고 다루는 방법 또한 무한이기 때문이다.

"나는 절망하지 않는다. 왜냐하면 모든 잘못된 시도는 또 다른 전진이기 때문이다."

-토마스 에디슨

끝없이 가치에 도전하는 트라이의 과정에는 수많은 변수가 개입을 한다. 그 변수들은 때로 긍정적이기도 하고 때로 부정적이기도 하다. 개인 앞에 얼굴을 내미는 변수는 천차만별이다. 트라이의 과정은 다양하게 펼쳐지는 변수를 대응하며 앞으로 나아가는 과정이다. 따라서 그 결과는 개인마다 다르게 나타난다.

결과의 절대치가 다를지라도 트라이try하는 존재들은 그 과정을 통하여 유일무이한 그만의 경험이란 보석을 소유하게 된다. 삶은 그가 무엇을 쟁취한 순간이 아니라 표현이라는 도전을 하는 순간에 비로소 그만의 유일무이한 보물을 드러내준다. 인류의 역사는 트라이의 역사였고 인류의 희망은 트라이의 지속여부에 달려있다.

이룸의 즐거움이 아니라 트라이의 즐거움으로 걸어가라. 트라이는 이룸을 포함한 그 이상의 삶의 방식이다. 그런 삶의 태도가 당신 삶이 무기력과 지루함으로 인하여 서서히 무너지는 것을 막아줄 것이다.

"다음 작품이 내 생애 최고의 영화라는 항상 새로운 결의를 다지는 마음가짐이 중요하다."

-월트 디즈니

삶은 이루러 온 것이 아니라 표현하러 온 것이다

뭔가를 이루려는 사람은 항상 불행감이 그와 함께 한다. 설사 그 무엇인가를 이뤘다 치더라도 그 순간의 모르핀은 잠시 머물다가 사라지고 또 다른 자극을 찾아 방황을 하게 된다.

뭔가에 미친 사람은 행복하다. 원가에 미쳤다는 것은 뭔가를 표현하고 있다는 것이다. 그것도 깊게 깊게 그 속에 자신을 던지고 몰입의 트라이try를 하고 있다는 것이다.

"사람이 벽癖: 치우쳐 즐기다이 없으면 쓸모없는 사람일 뿐이다. 대저 벽癖이란 글자도 질疾에서 나온 것이니, 병중에서도 편벽된 것이다. 하지만 독창적인 정신을 갖추고 천문의 기예를 익히는 것은 왕왕 벽이 있는 사람만이 능히 할 수 있다."

-박제가, 백화보서〈百花譜序〉

『미쳐야 미친다』, 정민, 푸른역사

표현하며 사는 사람은 행복하다. 온전히 그 순간 순간이 그가 꿈꾸는 목적체이기 때문이다. 굳이 뭔가의 상태에 집착할 필요가 없다. 그것은 부산물로 존재할 것이기 때문이다.

남과 같은 무엇이 되려고 하지 마라. 너 자신으로서 존재해야 한다. 그것은 나 자신으로서 표현하며 사는 것이다. 그것은 재미있는 일이든 가치있는 일이든 선택을 하고 온전히 그것과 하나가 되는 일이다. 쉼없이 그 일에 집중하고 기획하며, 그 일을 하는 것이다.

"내가 한결같이 사업을 확장해 온 이유는 내가 살아 있음을 확인하고 언제까지나 신선한 생명력을 유지하고 싶었기 때문이다. 내가 늘 안일함을 혐오하고 굳이 도전과 시련의 나날을 선택해 온 이유도 여기에 있다. 일한다는 것은 살아있다는 것이다."

-호암 이병철

우리는 즐거운 미치광이가 되어야 한다. 우리는 평화로운 미치광이가 되어야 한다. 자신을 표현하는 자는 행복하기 때문이다. 우리는 온전히 나로서 살기 위하여 유일무이한 생명으로 태어났다. 표현의 가치를 실천하는 즐거운 미치광이는 즐기는 마니아mania와 광적으로 집착하고 숭배하는 오타쿠일본 말로 집을 의미: 한마디로 집에 쳐박혀서 무엇인가에 빠진 사람의 중도를 가는 사람이다. 몰입하되 즐길 수 있는 자가 건강한 표현을 하는 자이다.

너는 내가 될 수 없고 나는 네가 될 수 없다. 자신의 울림에 충실한 순간에 자신의 삶은 표현된다. 표현되어지는 삶 속에서 그 무엇인가가 이뤄진다. 우리는 이루러 온 것이 아니라 표현하려고 그 어딘가로부터 이 푸른 별에 왔다.

사랑한다고 고백한 순간, 같은 우주아래 같은 공기를 마시는 그의 가슴속에 사랑의 고백은 영원히 살아 숨 쉬듯 표현은 이룸을 품고 있다.

"행동하는 것이 전부다. 무언가에 열정적으로 힘을 쏟고 있을 때, 그때 느껴지는 감정이 바로 행복이다. 결과와 명성은 중요하지 않다. 그런 것은 그저 덤일 뿐이다.

-『파우스트』, 괴테

때로 세상은 그런 당신을 위대하다고도 하찮다고도 할 것이다. 그러나 표현하는 삶의 핵심은 자신이 느끼는 내적 충일감이다. 세상이 잠든 깊은 밤에 문득 별을 응시하는 느낌과 같은 것이다. 세상은 별을 못 보지만 나는 별을 보고 있다는 사실, 그것이 핵심이다.

삶을 질식시키는 이룸의 강박이 만드는 악몽에서 벗어나야만 한다. 삶은 표현하러 왔을 뿐이다. 악몽을 꾸다가 식은땀을 흘리며 깨어난 날, 방문을 열면 마당에 햇살은 가득하고 뜰은 평화로 가득했다. 그것만이 진실이었다. 나를 기다리는 것은 없다. 오직 내가 가는 것만이 있다. 우리는 기다리러 온 것이 아니다. 우리는 그곳으로 가기 위하여 왔고 무엇인가를 만나기 위하여 왔다. 내가 갈 것이고 내가 가서 만날 것이다. 그것이 전부다.

창조적 실행이 요구되는 4차 산업혁명 시대가 왔다

4차 산업혁명 시대는 실행역동성을 요구한다. 요구한다는 것은 생존의 기본역량이라는 것이다. 실행역동성은 단순한 삶의 움직임을 의미하지 않는다. 개미의 부지런함을 닮자는 이야기가 아니다. 부지런함이 가치를 지배하던 시대는 지나갔다. 그래서 클라우스 슈밥은 미래에 실현될 자동화 때문에 대체될 위험이 적은 직군은 사회적, 창의적 능력을 요하는 직군일 것이라고 예언을 한다. (『클라우스 슈밥의 제4차 산업혁명』, 새로운현재)

실행역동성이 살아남기 위한 반복적 행동을 의미하는 것은 아니다. 실행역동성은 가치로 설명되는 행동이다. 그것이 실패든 성공이든 학습과 성과의 가치로서 설명되는 것이 실행역동성이다. 실행역동성은 행동 그 이상의 것이다.

실행역동성은 창조적 가치를 품고 있다. 창조적 가치는 차별적 경쟁력에서 나온다. 남다른 가치를 추구하는 지속적 행동 속에 실행역동성이 있다. 실행역동성은 창조행위이다. 당신의 직업이 무엇이든, 당신의 조직이 무엇을 만드는 기업이든, 그 형식이 중요하지 않다. 도전적 행동 속에 창조적 가치추구가 담겨져 있냐가 중요하다.

도전하고 도전하고 도전하라!

끝없이 앞으로 앞으로 흘러가라!

서두름 없이 흘러가라!

그러나 그 흐름은 남다름을 추구하라!

어제보다 나은 내일이 아니라 어제와 다른 내일의 흐름을 만들어내라! 그것이 제4차 산업혁명시대이다.

4차 산업시대의 다른 흐름을 클라우스 슈밥은 전혀 다른 경쟁력 규칙competiveness rule의 출현으로 설명하고 있다. 그는 새로운 흐름사회의 경쟁력은 오직 전방위적 혁신에 있다고 주장한다. (『클라우스

슈밥의 제4차 산업혁명』, 새로운현재)

　실행역동성의 창조적 행동은 현재를 유지하되 개선하고 융합하는 활동이다. 새로운 가치가 창조되기 전까지는 현재의 가치가 최선이다. 그러나 현재는 내일의 가치를 창조하기 위한 발판이지 영원한 가치가 아니다. 현재의 가치를 존중하되 내일의 가치를 탐색하는 것이 실행역동성의 건강한 방식이다.

　현재의 행동에 대한 질문은 가치창조를 촉진한다. 더 좋게 할 수는 없을까? 더 새롭게 할 수는 없을까? 더 다른 방법으로 할 수는 없을까? 더 다르게 할 수는 없을까? 남과 다르게 할 수는 없을까?

　18세기 중반에서 19세기 초에 발생한 발생한 제1차 산업혁명은 철도와 증기기관에 의한 기계화된 생산을 탄생시켰다. 19세기 말에서 20세기 초까지 진행된 제2차 산업혁명은 전기와 조립라인에 의한 대량생산의 시대였다. 1960년대에 시작된 제3차 산업혁명은 반도체와 컴퓨터와 PCPersonal Computer, 인터넷이 주도한 컴퓨터 기반의 디지털 혁명이었다. 앞서의 혁명을 넘어 지금 우리는 어제와 다른 가치를 창조하는 4차 산업시대의 문으로 들어서고 있다. 4차 산업시대는 앞서의 시대와 다른 생명공학, 모바일 인터넷, 인공지능AI

이 주도하는 인간 삶의 방식과 제공서비스의 획기적 변화를 의미한다. 자동차의 대중화와 더불어 도로에서 말이 사라졌듯이 지금 우리 앞에 놓인 많은 기존 산업이 제공하던 서비스물들이 머지않아 골동품 가게에서 굴러다니는 것을 보게 될 것이다.

인류의 진보와 진화는 질문에서 시작되었다. 1만 년 전에 이리저리 떠돌아다니며 수렵과 곡물을 채집으로 짧은 수명을 유지해 나가던 포유류 인류 중에 어떤 게으른 창조적 또라이가 있었다. 그에게 돌아다니는 삶의 피로, 찾아나서야 하는 삶의 방법이 너무도 귀찮고 힘들었다.

그 창조적 또라이의 별명은 시작이beginer였다. 주기적으로 게으름을 피웠고 삶의 방식에 의문을 제기하는 그를 종족들은 또 병이 시작되었다며 '시작이'라고 불렀다. 게으르고 엉뚱한 창조적 또라이의 의문과 실행 속에서 정착과 경작, 축산의 농경생활이라는 새로운 인류의 역사가 문을 열었다.

질문의 양과 질이 연약한 벌거숭이 인간을 혹독한 자연환경 속에서 살아남게 하였고 우월한 문명을 보유한 영장류로의 진화와 진보를 이끌었다. 벌거숭이 포유류의 진화와 진보는 환경을 극복하기 위한 질문 속에서 계속되고 있다. 환경의 도전에 대응하여 인류의 창조적 자기질문이 균형을 상실하는 순간 인류는 우주 속에서 사라지게 될 것이다. 인류를 인류답게 한 것은 질문의 능력에서 비롯되었다.

이 엄청난 창조적 질문행위를 어떤 특정한 인물이 하는 것이 아니고 특정한 조직이 하는 것이 아니다. 모든 인류의 과거, 현재, 미래의 절대적 하나를 구성하고 있는 우리들이 하고 있는 것이다.

남다르게, 더 새롭게, 더 좋게를 고민하지 않는 한, 삶의 행동은 평범과 피로의 부산물만 안겨줄 것이다. 왜 저들이 우리보다 낫다고 생각하는가? 결과의 부산물이 나은 것이 아니라 결과를 만드는 그들의 창조성이 깃든 행동이 나보다 나은 것이다. 창조성이 사라진 순간 가치도 사라지기 때문이다.

남다르지 않는 한 남다른 삶은 존재하지 않을 것이다.

중요한 것은 엄청난 남다름이 아니다. 아주 조금만 더 남다른 생각과 행동이 엄청난 차이를 만든다는 것이다. 조금만 더 남다르게 생각하고 행동하며 오늘을 살아가는 지혜 그것이 중요하다. 작은 남다름이 위대함을 만드는 시대가 제4차 산업혁명의 시대이다.

이를 게리 해멀(혁명을 이끄는 리더십, 세종서적)은 기존의 관행이 이끌어가는 헤게모니를 뒤집으려고 필사적으로 노력하는 자발적으로 동기부여 된 게릴라들이 필요한 시대라고 표현하고 있다.

어리석은 자는 기도만 하지만
지혜로운 자는 행동한다!

실행력이 없는 사람들은 다음과 같은 특징을 가지고 있다.

자신에 대한 믿음과 자존감이 낮다. 행동의 손실을 따진다. 엄청난 일을 찾아 헤맨다. 항상 중간이나 대충을 추구한다. 행동의 중요성에 공감하고 생각하나 움직이지 않는다. 행동의 중요성을 통하여 자신보다 타인의 행동을 촉구한다. 우유부단하다. 이것 저것 다 하는 것을 행동이라고 착각한다. 행동이 제공하는 기쁨보다는 행동이 제공하는 고통의 상상에 탁월하다. 그저 조용히 안정적으로 살다 가려고 한다.

"세상에서 가장 같이 일하기 힘든 사람들은 가난한 사람들이다. 자유를 주면 함정이라 얘기하고, 작은 비즈니스라 얘기하면 돈을 별로 못 번다고 얘기하고, 큰 비즈니스라고 얘기하면 돈이 없다고 하고, 새로운 것을 시도하자고 하면 경험이 없다 하고, 전통적인 비지니스라고 하면 어렵다고 하고 새로운 비즈니스 모델이라고 하면 다단계라고 하고, 상점을 같이 운영하자고 하면 자유가 없다고 하고, 새로운 사업을 시작하자고 하면 전문가가 없다고 한다. 자신들은 대학교 교수보다 더 많은 생각을 하지만, 정작 장님보다 더 적은 일을 한다. 그렇다면 현재 자신에게 물어봐라. 당신은 가난한 사람인가?"

-알리바바 마윈회장

뒤처진 사회일수록 미래보다는 과거를 숭배하고 행동보다는 우상과 상상의 대상을 향한 기도에 몰입한다.

"코레아 전문가 헐버트에 의하면 코레아 사람들은 사회생활에서는 유가에, 사고를 할 때는 불가에 속하며, 곤란한 지경에 빠지면 귀신숭배자가 된다고 합니다."

-『스웨덴기자 아손, 100년전 한국을 걷다』,

아손 그렙스트, 김상열 역, 책과 함께

이 세상에서 가장 위대한 기도는 행동이다. 성공은 행동없는 기도의 응답이 아니라 행동으로서의 기도가 만들어주는 인과의 과학이다. 가장 위대한 언어는 행동이듯이 가장 위대한 기도는 행동이다.

당나라시대의 고승인 마조 스님이 불가에 입문했을 무렵 좌선만 한 채 수행에 진전이 없자 회양 선사가 질문을 던진다. "무엇을 하고 있는가?" 하니, 마조 스님이 답하길 "좌선합니다." 회양 선사께서 묻기를, "좌선을 해서 무엇을 하려는가?" 하니, 마조 스님의 답이 "부처가 되려고 좌선합니다."라고 하였다. 그러자 회양 선사는 암자 앞의 바위 위에서 벽돌을 갈기 시작한다. 마조 스님이 회양 선사에게 질문을 한다. "스님, 벽돌을 갈아서 무엇 하렵니까?" 하니 "거울을 만들려고 한다."라고 대답하였다. 이에 마조 스님이 의견을 던진다 "벽돌을 갈아서 어떻게 거울을 만들 수 있겠습니까?" 그러자 회양 선사는 "벽돌을 갈아 거울이 안되면 앉아 있어서 부처가 될 줄 아는가?" 마조선사와 회양선사의 일화는 행동이 결여된 관념의 삶에 대한 경고이기도 하다.

관념의 기도가 장악한 사회보다는 행동이라는 기도가 지배한 사회가 번창을 한다. 기업가는 새로운 시장을 개척하려고 처음 가보는 해외로 제안서 한 장 든 채 새벽 비행기를 타고, 노인은 내년의 텃밭을 위하여 돌밭에서 돌을 골라낸다. 행동은 위대함의 씨앗이다.

지금 내게 의미있는 것, 지금 내가 할 수 있는 일에 엄청난 뜻이 숨어있다. 자연이 좋은 자는 자연 속에서, 사람이 좋은 자는 사람

속에서, 지식탐구가 좋은 사람은 학문 속에서 도전의 길을 찾을 뿐이다. 누구나 그가 가야 할 행동의 길이 있다.

자신의 행동을 타인에게 강요하지 말 것이며 타인의 행동을 자신의 행동에 비교하지 말일이다. 너는 너로 살다 가고 나는 나로 살다 가려고 왔을 뿐이다. 백 번의 공감과 백 개의 이론은 아무 의미가 없다. 중요하다고 생각하고 말한 것을 지금 하고 있다는 행동의 설명력만이 유일한 사실이다.

어떻게 실행할 것인가? 실행의 우선 순위가 중요하다. 이것저것 하려고 하지 마라. 매일의 삶을 살펴보아도 중요한 것은 5가지를 넘지 않는다. 그중에서도 가장 중요한 것은 3가지 범주 안에 있다. 나머지는 소소하고 위임할 그 무엇이다. 매일매일 우리는 가장 중요한 3가지를 결정하고 행동을 시작해야만 한다.

삶의 주도성을 놓치지 말 것이다. 잭웰치의 말처럼 세상은 Lead or Be Lead이다. 어제와 같이 습관적으로 산다면, 닥치는 대로 다른 포유류처럼 살아갈 것이다. 인간의 삶은 주도적 행동에 있다. 주도적 행동은 이기적 행동이 아니다. 가치는 세상에서 찾되 어떻게 행동해야 할 지는 자신에게 묻는 사람들의 행동이다. 세상만 따라가는 삶에는 답이 없다. 회한만이 남는다. 진정한 행동은 자신을 향한 질문 속에서 찾아야 한다.

세상을 위하여 산 것이 아니라 세상이 내놓는 답대로 살려고 한 '이반 일리치'는 현대인의 자화상이다

그가 진정한 답을 찾은 것은 죽기 직전이었다. 스스로에게 던진 질문 속에서 답을 찾았다.

> 이반 일리치의 지나온 삶은 지극히 평범하고 일상적이면서 지극히 끔찍한 것이었다……. '그래, 모든 것이 잘못되었었다.' 그는 혼자 중얼 거렸다. "하지만 괜찮아. 어쩌면 아직, 아직 '그걸' 할 수가 있어. 그런데 '그게' 도대체 뭐지" ……… "임종하셨습니다." 누군가 그를 굽어보며 말했다. 그는 이 말을 듣고 마음속에 되뇌었다. '끝난건 죽음이야. 이 제 더이상 죽음은 존재하지 않아.'
>
> -『이발 일리치의 죽음』 중, 톨스토이

행동하는 삶은 남 따라 사는 관성의 삶이 아니다. 내가 스스로 질문하고 내가 스스로 책임지며 내가 앞장서 행동하는 현재에 존재한다. 이반 일리치의 탄식이 오기 전에 공감과 사유를 넘어 행동하라. 삶은 행동이고 트라이이다!

이반 일리치의 삶을 알프레더 아들러는 '일에서 실패하지 않았어요. 일을 안 했거든요', '인간관계에서 실패하지 않았어요. 사람들 속에 들어가지 않았거든요'라고 말하는 사람들로 표현하고 있다. 그는 이런 사람의 인생은 완전하지만 최악이라고 말한다(『알프레드 아들러: 인생에 지지않을 용기』, 와이즈배리).

조용히 질문하여 보자.
'지금 가장 중요한 일은 무엇이지?'
'지금 바로 해야만 하는 일은 무엇이지?'
'지금 나는 그것을 하고 있는가?'

삶과 성공은 우연이 아니라
필연이 지배하는 행동과학이다

인디언 기우제를 누구나 들어 본 적이 있다. 인디언들이 기우제를 지내면 신기하게도 반드시 비가 온다고 한다. 그 절대 성취의 비밀은 하늘이 인디언만을 사랑하는데 있지 않다. 하늘은 행동하는 자를 사랑하는데 답이 있다. 인디언들은 비가 올 때까지 기우제를 지낸다. 그것이 그들의 진정한 기도이다.

사람들은 되기를 기도하지만 되도록 행동하지는 않는다. 전쟁도 성공도 과학이다. 과학은 합리적 이유와 결과의 인과관계가 존재하는 것이다. 합리적 이유가 많을수록 결과의 확률은 높아진다. 우리가 삶에서 추구하는 행동의 노력은 성공의 과학적 이유를 축적하기 위한 실천행동이다. 노력에 비하여 결과가 미흡하다면 감정적으로 접근하여 좌절하지 말고 과학적으로 접근하여 노력의 질량 수준을 살펴볼 일이다. 영향력있고 차별적인 변수가 투입되고 변수들의 실행이 충실했는지를, 보다 우월하고 차별적인 성공의 원인변수가 많이 투입되어질수록 성공의 합리적 가능성은 높아진다. 삶은 오늘이라는 이유가 만들어가는 내일의 결과이다. 삶과 성공은 그래서 행동과학이다.

불가佛家에서 중시하는 깨달음을 위한 마음의 전략에 두 가지가 있다. 첫째가 생사심生死心이다. 이는 목숨이 경각에 달려있다는 조금의 안일도 용납하지 않는 절박한 현재의 인식이다. 매 순간의 삶에서 영원을 보고 매 순간의 시간 속에서 성공을 끝장내려는 절실하고 간절한 순간의 인식이다. 생사심의 전략은 집중과 몰입을 창출하고 현재를 충실하게 만든다.

두번째 전략이 장원심長遠心이다. 멀리 내다보며 꾸준함을 유지하는 마음이다. 거인들의 시각이고 호흡이다. 근시안적이고 짧은 호흡으로 살아가는 단근심短近心을 가진 개미들은 장원심을 가진 워렌 버핏을 이길 수가 없고 기관 투자자를 넘어 설수 없다. 지금 우리 마음에는 어떤 씨앗이 뿌려져 있는가. 한철의 채마 씨앗인가, 수십년을 바라보는 아름드리 거목의 종묘인가? 그것이 문제이다. 절박하되 조급하지 않은 마음으로 먼 시간을 각오하며 용맹정진 하는 것이 도의 길이다. 이것이 성공의 길이고 비즈니스의 길이다.

삶에서 한 축을 생사심이 이루고 다른 축을 장원심이 이뤄서 뜻을 향해 나간다면 반드시 이뤄질 수 밖에 없다. 우리에게 기대와 바람은 있지만 진정으로 성과를 내고 성공을 만드는 생사심과 장원심의 실행 전략이 있는지 살펴볼 일이다. 절실과 끈기의 집에서 살아가는 인디언의 마음을 하늘은 져버릴 수가 없는 것이다.

삶과 성공은 행동의 합리적 이유라는 변수가 만들어내는 행동과학이다. 오늘 우리는 내일의 성공을 설명할 어떤 행동변수를 만들고 있는지 살펴볼 일이다. 삶은 우연이 아니라 필연이라는 과학이기 때문이다.

"성공에는 아무런 기교가 없다. 나는 단지 내게 주어진 일에 전력을 다했을 뿐이다."

-철강왕 카네기

"나는 날마다, 모든 면에서, 점점 더 좋아지고 있다.

(Day by day , in Everyway, I am getting better and better.)"

-에밀 쿠에

실행역동성은 뜻이나 가치있는 일에 대하여 적극적으로 도전하고 창조하는 용기있는 행동력을 의미한다. 실행역동성은 지나친 결과 중심적 사고나 행동에 대한 자신감 부족으로 인하여 그 힘을 발휘하지 못한다. 수시로 다음과 같이 실행역동성의 자기 암시를 암송하거나 자신에게 이야기하여 보자! 무의식은 의식을 받아들일 뿐이다.

"나는 하고자 하는 일에 주저함이 없다. 결과에 연연하지 않는 담대한 나의 도전이 매일매일을 충만하게 한다. 나의 삶은 매일 생기로 넘쳐흐른다."

위의 자기 암시든 자신이 만든 자기 암시든 메시지를 말할 때 밝고 힘찬 빛을 상상하며 하라. 그리고 수시로 주문처럼, 기도문처럼 조용히 중얼거려보자. 그 기적의 열매는 자신의 몫이다.

럭비에서 가장 중요한 정신은 희생(Sacrifice)이다.

럭비는 이를 one for all이라고 한다.

스스로 희생하여 동료에게 길을 만들어 주고

팀에 승리를 안겨 주는 행동 속에서

자신의 존재가치를 찾는 것이 참된 러거(rugger)이다.

자리이타 自利利他
"다른 사람을 이롭게 하는 것이 곧 자신을 이롭게 하는 것이다."

네 번째 프레밍 **가치역동성**

성숙변수 One for all

나를 넘어
세상을 섬겨라!

성장을 넘어 성숙을 만드는 가치역동성 -One for All

볼을 잡은 선수가 상대 수비를 향하여 돌진한다. 상대의 수비진에 막혀 그라운드에 쓰러진다. 넘어진 선수는 끝까지 볼을 사수하고 뒤의 동료에게 넘겨준다. 럭비선수들의 자발적 희생 플레이는 감동을 준다. 럭비는 One for All이란 철학을 자랑스럽게 생각한다. 어떤 스포츠나 팀을 중시하는 One for All의 가치는 중요하지만 럭비는 One for All에 기반한 희생과 협력의 가치로 움직여지는 스포츠이다. 럭비선수들이 럭비선진국인 유럽이나 일본에서 존경 받는 이유는 그들이 바로 성숙의 가치인 One for ALL을 지향하고 실천하기 때문이다.

어느 시대나 성장 이후의 화두는 성숙이다. 성장을 이룬 개인과 조직이 무너지는 이유는 이타성이 요구되는 성숙의 다리를 건너지 못하기 때문이다.

개인이든 조직이든 성장의 과정에서는 매우 자유로운 상태가 지속된다. 그러나 성장의 어느 한계를 넘으면 그의 성장을 살피려는 눈길이 서서히 어제의 따뜻함을 거두기 시작한다. 많은 기업들이 정상의 높이에 서 있을 때 조직내부, 경영자 개인의 사생활 등 다양한 차원에서 높은 기준을 가진 평가의 잣대가 제시하는 고통스런 평가에 직면한다.

이런 상황에서 기업은 정신을 차리기 힘들다. 개인은 공인의 위치로서 청문회에서 정신없이 지난 시간의 삶이 까발려진다. 웬만한 배짱 없이는 이를 감당하기가 어렵다.

공격의 주체, 높은 기준이 문제가 아니다. 이 시점에서 우리가 생각해보아야 할 일은 성장의 완성은 성숙이라는 것이다. 지난 시간의 성장이 개인적, 기업단위의 이기성에 국한된 성장이었는지 이기성을 넘어선 성숙함을 내포한 성장이었는지는 기업의 브랜드를 지속하고 지속적 성장과 생존을 유지하는데 있어서 중요한 성찰의 지표이다.

이와 관련하여 국제사회와 지구환경에도 관계되는 매우 중대하고도 다급한 과제로서 이제부터라도 경제성장 지상주의가 아닌 새로운 국가이념과 개인 삶의 지침을 바로 세워야 한다고 주장하는 이나모리 가즈오 회장의 외침은 의미심장하게 다가온다(까르마 경영, 이나모리 가즈오, 서돌).

개인과 조직의 성숙을 만드는 핵심 변수가 가치역동성이다. 개인과 조직이 자신의 영향력을 각성하고 그 영향력을 이타적으로 확산시키려는 의지의 활동이 가치역동성이다. 이것은 협의적 차원에서는 개인과 조직이 세상이 기대하는 역할에 충실하려는 윤리적 태도를 의미하며, 광의적 차원에서는 인류사회에 자신의 선한 가치를 제공하고 확산시키려는 능동적 이타성을 의미한다.

"모든 것은 나라가 기본이다. 자기만 잘 살아보겠다는 것은 기업가의 목적이 될 수 없다. 국가와 사회가 먼저 있고 그 다음에 기업이 있다."라고 이야기하며 참다운 기업인을 국부형성에 이바지하는 사람이라고 이야기(1976년 4월, 서울경제신문)한 이병철 회장의 말은 삼류정치문화의 환경 속에서 초심을 잃고 휘청거리는 한국기업들에게 건강한 기업의 초심이 무엇인지를 생각하게 만든다.

성장의 완성인 성숙을 가능하게 하는 것이 가치역동성이다.

왜 저 기업이 욕을 먹는가? 왜 저 정치인이 욕을 먹는가? 개별적으로 잘나가던 저 존재들이 왜 오늘은 저렇게 비참한 몰골로 서있는가? 물론 다양한 변수들이 존재할 것이다.

운의 문제일 수도 있고 정치적 보복일 수도 있고 언론의 의도적 공격일 수도 있다. 그러나 그런 주변의 부정적 변수보다 더 중요한 것은 성장의 시즌을 넘어 성숙의 시즌에 진입하지 못했기 때문이다.

비약적 성장은 칼을 품고 있다. 통제할 수 없는 상태의 직면이라는 무서운 미래를 내포하고 있다. 무서운 성장이 진행될 때 지혜로운 개인과 조직은 숨 고르기를 한다. 자만을 경계한다. 겸손으로서 미래를 준비한다. 그 시점에서 스스로 물어야 할 것이 우리의 성장은 성숙을 추구하는가이다. 그 성숙이 바로 가치역동성이다. 성장은 개인과 기업자신의 이기성을 넘어 사회의 행복에 기여하려는 이타성을 품고 있는가를 답해야만 한다.

이 말은 개인이나 기업이 사회적 희생양이나 봉사단체로 존재하라는 의미가 아니다. 개인이나 기업 성장의 원천이 사회구성원과 고객에 대한 가치 제공에 기반하는가이다. 성장의 지속여부는 성장을 제공한 사회구성원, 고객에게 달려있기 때문이다.

개인의 만족을 넘어 사회적 만족을 제공하는 개인과 기업은 위대한 업의 완성에 가까워진다.

"기업에게는 사회의 공기公器로서 세상을 위해, 다른 사람을 위해 노력할 의무 역시 존재한다. 그래서 뒤로 물러서더라도 전진할 수 있는 것이다. 이는 '이기적 경영에서 이타적 경영으로'라는 경영이념의 확장을 뜻하는 말이기도 하다."

-『까르마 경영』, 이나모리 가즈오, 서돌

지금 당신과 당신 조직의 노력은 무엇을 향하는가? 우리는 그 질문에 답해야만 한다. 모든 개인과 조직은 성장을 넘어 성숙으로서 그 완성을 이야기하기 때문이다. 성장을 넘어 성숙이라는 높은 단계의 성공에는 one for all이라는 고결한 가치가 존재한다.

"디즈니랜드는 아이들만을 위해 짓지 않았다. 부모와 아이들이 함께 즐겁게 지낼 수 있는 곳, 어른들끼리만 와도 신나게 지낼 수 있는 곳, 나는 디즈니랜드를 그런 장소로 만들고 싶었다."

-월트 디즈니

선한 영향력의 각성과 실천

　가치역동성은 개인과 조직의 영향력에 대한 각성에서 출발한다. 존재한다는 것은 영향의 제공과 교류 속에 존재한다는 것이고 가치를 생산한다는 것은 영향력을 제공한다는 것이다.

　다양한 리더십의 정의에 있어서도 영향력은 중요한 변수로 자리 잡고 있다. 리더십은 개별적 성과의 문제가 아니라 상대적 관계라는 영향력의 바람직한 교환의 관계를 설명하는 개념이기 때문이다. 다양한 접근의 제시는 효과적 영향력을 찾아내려는 노력의 일환일 뿐이다. 리더십의 지식이 없더라도 리더십의 이론을 모를지라도 영향력의 상호교환이 즐겁고 원활하며 바람직한 성과가 창출되고 있다면 당신의 리더십은 뛰어난 것이다.

　　"리더십이란 무엇을 해야 할 필요가 있으며 어떻게 하면 그것을 효과적으로 할 수 있는지를 이해하고 합의하기 위해서 타인에게 영향력 influence를 미치는 과정이다."

-Gary Yukl

가치역동성은 선한 영향력의 활동이다. 이 세상에 살아있는 모든 것들이 위대한 것은 영향력의 주인공으로서 살아가고 있기 때문이다. 사회적 인정과 관심, 힘의 수준에서 발휘되는 사회적 영향력을 넘어 생명은 본질적 영향력의 중심에 서서 걸어가는 존재이다.

> "사람이 하는 일은 그것이 아무리 사소할지라도 반드시 누군가에게 어떤 영향을 미치는 법이다. 한 가닥 머리카락이라도 그림자를 만들어 내듯이."
>
> -『예술과 고전』, 괴테

무문관 한 평 선방에서 단절의 침묵을 하든, 수만의 대중 앞에서 열정의 연설을 하든, 어떤 쓸쓸한 길거리를 외롭게 떠돌든, 모든 생명은 필연적으로 환경 속에 존재하는 객체로서 환경과 영향을 쉼 없이 교환하는 주체로 살아간다.

삶의 좌절과 고독 속에서 스스로 자기파괴를 위하여 어두운 숲길로 달려갈지라도 자신의 영향력을 과소 평가한 채 눈물 흘리며 달려오는 그 존재로 인하여 숨죽인 채 지켜보는 무수한 생명이 그 숲에는 존재한다.

삶은 영향을 행사하는 과정이다. 영향은 존재적 영향과 능동적 영향의 두 종류로 분류할 수가 있다. 존재적 영향은 존재 자체로서 직간접으로 주변에 끼치는 영향이다. 여기에는 부정적 사고나 기운의 상태가 주변에 끼치는 부정존재의 영향과 긍정적 사고나 기운의 상태가 주변에 끼치는 긍정존재의 영향이 있다. 다음으로 능동적 영향은 의지가 개입된 영향력 행사로서 적극적으로 주변에 부정적 영향을 행사하려는 능동부정의 영향과 적극적으로 주변에 긍정적 영향을 행사하려는 능동긍정의 영향이 존재한다.

자신 속에 존재하는 영향의 불빛을 각성하는 자는 지혜로운 자이다. 그 불빛에 스스로 의심과 부정의 바람을 만들지 않는 사람은 위대한 사람이다. 촛불은 외부의 바람에 의하여 꺼지지만 자신의 불꽃은 자신의 바람에 의하여 꺼지기 때문이다.

알프레드 아들러는 "다른 이의 평가에 좌우되어서는 안 된다. 있는 그대로의 자신을 받아들여 불완전함을 인정하는 용기를 가져야 한다."(『인생에 지지않을 용기』, 와이즈베리)라고 말한다.

건강한 영향력의 주체로 확고히 서기 위해서는 비교의 눈을 거두고 안으로 자신을 살피며 자신의 가치를 발견해야만 한다. 있는 그대로의 본질적 위대함, 그것이 모든 생명의 본질이기 때문이다. 비교를 거두고 자신이 뿜어내는 영향력의 에너지를 살피고 정화하는 자기성찰, 자기관리가 필요하다. 건강한 에너지를 가진 자는 자신과 주변을 살리지만 부정적 에너지를 가진 자는 자신과 주변을 병들게 한다.

다음으로 중요한 것이 선한 영향력을 밖으로 제공하겠다는 자기 결심이다. 원하던 상황이 아닐지라도 영향력의 주체라면 이왕이면 보다 건강한, 밝고 생기 있는 영향력을 제공하겠다는 굳센 발원을 품는 것이다.

> "자기변화는 세가지로 나눌 수가 있다. 첫째는 자신만의 이익을 위해서 변화하는 알파 변화Alpha Change, 둘째는 공동체의 이익을 위해서 자신을 크게 희생하는 베타 변화Beta Change 그리고 셋째는 자신의 이익과 공동의 이익을 동시에 추구하는 감마 변화Gamma Change가 그것이다."
>
> ─『대왕세종』, 백기복, 크레듀

마지막으로 해야 할 일은 선한 영향력의 힘을 더욱 키우기 위한 개별적 노력이다. 그것은 지식일 수도 있고 기술일 수도 있고 사업일 수도 있고 권력일 수도 있다. 선한 영향력의 힘을 키우는데 있어서 그것이 정당한 방법이라면 모든 것이 선이다. 한 인간이 잘 살다 갔고 하나의 조직이 위대하였다고 기억되는 것은 그들이 확보한 소유물의 사이즈가 아니라 그들이 보여준 선한 영향력의 사이즈에 의하여 결정된다.

"가치있는 삶이란 무엇인가. 욕망을 충족시키는 삶은 결코 아니다. 가치있는 삶이란 의미를 채우는 삶이다."

-법정

당신이 무엇이든 당신이 무슨 일을 하든 당신은 영향력의 중심이다. 당신의 조직이 무슨 일을 하든 당신의 조직의 영향력의 가치를 품고 있다. 그래서 우리는 선한 영향력을 추구해야만 한다. 그 선한 영향력의 노력에 아름다운 부가 있고 아름다운 귀함이 있으며 아름다운 명예가 있다. 그 선한 영향력의 의지에 생명의 길이 있다.

"객실 청소를 하면서 언제나 '고객만족 제일'이라는 총괄품질경영의 구호를 떠올렸죠. 작업하면서도 늘 고객을 더욱 만족시키기 위한 더 나은 방법을 생각했습니다. 그리고 이를 실천했죠."

-92년 미생산성대상 망콤볼드릿지의 최대공헌자

리츠칼튼 필리핀계 여성 청소원 버지니아 아주엘라

세상을 향한 노력은 좌절하지 않는다

모든 사람들의 노력은 기쁨과 좌절을 품고 있다. 그 노력이 기쁨
으로 귀결되면 다행이겠지만 대부분이 다양한 수준에서 좌절의 고
통을 맛보게 된다. 극단적인 좌절은 세상 증오와 자기파괴로 귀결
되기도 한다. 좌절의 극단적 표출을 하는 사람들의 특징은 철저히
그 노력의 방향이 자기자신을 향하고 있다는 것이다.

자기자신의 이익을 추구하는 노력은 경쟁과 좌절을 유발한다. 그
러나 노력의 방향이 세상을 향하여 존재한다면 그곳에는 좌절이 존
재하지 않는다. 노력이 방향이 세상을 향한다는 것은 다른 말로 세
상을 향한 미션을 가지고 있다는 의미이다.

미국의 린든 존슨Lyndon Johnson 대통령이 미항공우주국NASA을 방

문하던 중, 지저분한 로비 바닥을 닦고 있는 청소부를 우연히 발견했다. 청소부는 신난 듯 콧노래를 흥얼거리며 바닥을 닦고 있었다. 그 모습이 하도 보기좋아서 존슨 대통령은 가던 길을 멈추고 다가가 물었다. "청소하는 일이 그토록 즐겁습니까? 비법을 알려주세요." 그러자 청소부가 대통령을 쳐다보며 말했다. "저는 한낱 청소부가 아닙니다. 인간을 달에 보내는 일을 돕는 중입니다."

세상을 위한 미션에는 완성이 없다. 그 어떤 미션이든 시작과 끝이 미션의 활동으로 채워지기 때문이다. 그가 살아 숨쉬는 한 그의 미션은 계속되기 때문이다. 미션은 단지 어떤 결정적 상태. 어떤 상대적 우위의 확보와는 다른 과정으로서의 목표이고 세상의 행복에 기여하는 노력이다.

미션이 있는 사람은 행복하다. 미션이 있는 사람은 좌절하지 않는다. 수많은 좌절의 이야기가 넘치는 것은 세상을 향한 가치를 지향하기보다 자기자신만을 위한 가치질주를 하기 때문이다. 세상을 향한 노력은 가치역동성의 특징이다.

사회가 불안하고 불확실할수록 젊은 청춘들은 불확실의 도전보다 안정을 추구한다. 안정적인 대기업을 원하고 안정적인 공무원을 꿈꾼다. 그 과정 속에서 목숨을 끊는 안타까운 소식도 들여온다.

자신의 안정적 삶을 위한 노력은 경쟁과 불안의 긴장을 창출한다.

그러나 세상을 위하여 그 직업의 길을 가겠다는 결심은 개인에게 경쟁으로부터의 자유를 제공한다. 미션은 상대적인 개념이 아니라 주관적이고 절대적인 자기 존재의 설명이기 때문이다.

이타적 방향성은 자신이 돕고 하늘이 돕는다. 이를 이나모리 가즈오 회장은 우주의 의지라고 표현한다. 세상을 위하고, 다른 사람을 위하는 마음은 우주가 지닌 의지로서 이 우주의 의지라는 흐름을 잘 타면 인생에서 성공과 번영을 누리고, 반면에 이 흐름에서 일탈한 인생은 몰락하거나 쇠퇴한다고 설명한다. (까르마 경영, 이나모리 가즈오, 서돌) 개인적 이익을 위한 노력은 평범한 소시민을 만들지만 세상을 향한 꿈을 가진 자는 세상의 지표가 된다.

지금 당신은 무엇을 추구하고 있는가? 그 노력을 내려놓으라는 이야기가 아니다. 그 노력이 품은 세상의 가치를 발견하고 보다 성숙한 노력의 방향성을 확보하라는 것이다. 자신을 위한 목표를 넘어 세상을 위한 미션으로 노력을 새롭게 설계하라는 것이다.

세상을 위한 미션에는 완성이 없다. 그 어떤 미션이든 시작과 끝이 미션의 활동으로 채워지기 때문이다. 그가 살아 숨쉬는 한 그의 미션은 계속되기 때문이다. 미션은 단지 어떤 결정적 상태, 어떤 상대적 우위의 확보와는 다른 절대적 과정이고 세상의 행복에 기여하는 노력이다. 미션이 있는 사람은 행복하다. 미션이 있는 사람은 좌절하지 않는다. 걸어가는 길 앞에 놓인 수많은 고통조차도 미션 속에 포함된 의미이기 때문이다.

"한국인의 절대사익추구 행위는 미국의 3배, 일본의 2배"

-2011년 1월 한국갤럽조사 자료

수많은 좌절과 자기파괴의 이야기가 넘치는 시대이다. 세태가 세상을 향한 가치를 지향하기보다는 자기자신만을 위한 가치질주를 하면 할수록 세상에는 좌절과 자기파괴의 이야기가 늘어날 수 밖에 없다. 세상을 향한 뜻과 노력 속에 가치역동성이 존재한다. 그것은 작지만 위대한 자신의 불빛을 밝히는 일이다.

"성 안내는 그 마음이 참다운 공양이구요. 부드러운 말 한 마디 미묘한 향이로다. 깨끗한 티가 없는 진실한 그 마음이 언제나 한결같은 부처님 마음일세."

-오대산 문수동자의 계송

성숙한 사회의 상식, 노블레스 오블리제

영국의 귀족들은 럭비를 한다. 어린 시절부터 귀족의 자제들이 다니는 학교에서는 럭비를 시킨다. 그들이 럭비를 통하여 배우는 것은 스포츠에 대한 형식적 자부심이 아니다. 희생을 통하여 자신과 팀의 길을 만드는 리더의 성숙한 노블레스 오블리제Noblesse Oblige의 정신을 배우는 것이다.

> "이튼 스쿨을 가보라. 교정이 무덤이다. 나라를 위하여 죽은 졸업생들의 시신이 그 교정에 묻혀있다. 1차와 2차 세계대전을 통하여 죽은 졸업생이 비공식 기록으로 5,000명이라니 기가 막히지 않는가?"
>
> -『특혜와 책임』, 송복, 가디언

럭비는 패스를 앞으로 못한다. 볼을 잡은 선수를 향하여 달려오는 상대 수비수들 앞에서 팀의 리더로서 볼을 잡은 선수가 해야 할 일은 자신의 몸을 던져 팀의 전진을 확보하는 것이다. 그들은 럭비를 통하여 스포츠를 하는 것이 아니라 성숙한 리더가 가야 할 희생의 가치를 체득한다. 세상은 그들을 귀족이라고 한다. 전쟁이 터지면 제일 먼저 전쟁터에 나가는 그들이 바로 귀족이다. 대중은 그들의 권위를 인정하고 지지한다. 그들은 누리는 자들이 아니라 위기에 앞장서는 숙명을 가진 자들이라고 믿기 때문이다.

송복 교수는 그의 저서 『특혜와 책임』(가디언)에서 영국 국민들에게 귀족으로서 인정되는 그룹을 다수의 국민들에게 그들 계급이 가지는 특권의 불가피성과 합법성이 용인되는 계층이며, 그들의 이익이 곧 국민 전체의 이익이 된다는 것을 항시 설득할 능력을 가지고 있는 지배계급상층이라고 설명한다.

위대한 로마를 만든 것도 자신의 고귀한 위치에 부합하는 의무의 정신인 노블레스 오블리제의 힘이었다. 귀족이란 그들에게 있어서 누리는 자가 아니라, 국가가 위급시 가장 먼저 경제적, 군사적 책임을 다하는 자들이었다.

로마의 건국 후 500년이 지난 시점에서 귀족의 수는 5분의 1로 감소하였다. 원로원 의원의 수가 100명에서 300명으로 증가하였지만 귀족들은 줄어들었던 것이다. '이처럼 귀족의 수가 크게 줄어 든 것은 그동안 로마가 치뤄야 했던 끊임없는 전투로 지도자 계급에 속하는 이들이 어느 누구보다도 많이 희생되었기 때문이었다. (로마흥망의 교훈, 신한종합연구소) 세월호 침몰사고는 한국사회가 얼마나

미성숙한 사회며 노블레스 오블리제에서 멀어진 리더들로 넘치는 사회인지를 보여준 사건이었다.

한 배에서는 304명이 죽거나 실종되었다. 또 다른 배에서는 1,517명이 사망하였다. 잘 알다시피 세월호와 타이타닉호의 침몰사건이다. 두 배가 침몰한 후 2개의 비교되는 수치가 회자되었다. 70%대 30%, 그리고 20%대 74%. 세월호의 침몰현장에서 선원들의 생존률은 70%였다고 한다. 반면에 타이타닉호에서는 노약자 생존률이 74%이고 남성 생존률은 20%에 불과했다고 한다.

"배가 침몰하는 위기에 봉착했을 때 대응하는 방법은 두 가지가 있다. 하나는 타이타닉호 방식이고, 하나는 세월호 방식이다. 타이타닉호 방식은 위기에 처한 배에서 어린이, 여성, 노약자, 사회적 약자부터 먼저 구출하는 방식이고, 세월호는 거꾸로다. 선장부터 먼저 탈출했다. 무고한 어린 학생들은 구조되지도 못한 채 희생됐다"

-노회찬 정의당 원내대표

세월호 선장은 가장 먼저 자신만의 생명을 구걸하였지만 타이타닉호의 에드워드 스미스 선장은 '영국인답게Be British'를 외치며 자신의 사회적 도리를 다하는 노블레스 오블리제의 리더십을 발휘한 후 스스로 배와 함께 사라졌다.

통제할 수 없는 상황 속에서 구성원들이 보여준 태도는 그 사회 구성원의 성숙성을 설명해준다. 배가 침몰하고 사람이 죽었다가 중요한 것이 아니다. 누구의 잘못을 추궁하는 것이 중요한 것이 아니다. 어떤 가치가 우리를 지배하고 있는지 반성하고 가치를 바로 세우는 것이 중요하다.

어리석은 사회는 슬픔과 분노에 의탁하지만 지혜로운 사회는 반성과 학습을 통하여 사회적 성숙성을 키워간다. 진정한 진보를 만드는 것이다.

우리는 지난 시간의 비극을 통하여 무엇을 배웠던가? 단죄를 넘어 우리는 과연 자신의 역할에 맞는 가치역동성의 책임을 각성하고 다짐한 적이 있었던 것인가?

2017년 박근혜대통령의 탄핵을 이끌어낸 촛불집회는 천박한 리더십, 노블레스 오블리제의 부재에 대한 저항에서 의미를 찾을 수가 있다. 촛불집회가 단순히 권력을 바꾼 집회로 끝날 것인지, 혁명으로 귀결지어질 것인지는 변화의 결과에 달려있다. 이기심, 탐욕, 비합법, 불법의 관행적 가치에 대한 분노와 저항이 권력의 교체라는 변화를 이끌었다면 귀결은 이타성, 절제, 준법, 절차의 합법성과 투명성이 사회적 가치로 상식화될 때 역사는 혁명이라는 명예를 부여할 것이다.

2018년 1월 1일, 동해 경포대 소방서 앞의 소방차 출입구가 일출을 보러 온 차들의 불법주차로 다 막은 사진이 올라왔다. 지난해에 촛불집회와 탄핵이라는 변혁적 사건이 있었고, 몇 주 전에 제천화재라는 대참사가 있었지만, 세상은 한 발자국도 나아가지 못한 느낌이었다. 누구를 탓할 것이 아니라 나 먼저 반성하고 변화하겠다는 각오가 사회전반에 흐르지 않는 한 촛불집회가 100만 번이 있어도 그 가치는 바람 앞의 유약한 불빛으로 끝날 수 밖에 없다. 시대는 앞서의 역사를 명예롭게 할 권리를 현재를 살아가는 자에게 명命한다. 그 명을 세상이 받지 못할 때 하늘은 그 명命을 거둔다. 그것이 혁명革命이다.

자신의 위치에 걸맞지 않는 윤리성을 상실한 권력과 사회구조에 대한 변혁의 요구가 촛불의 정신이다. 우리 사회는 다음의 질문에 답하기 위하여 나로부터의 혁명을 시작하여야만 한다. 도덕적인 권력이 자리잡았는가? 힘을 가진 자들의 솔선수범과 희생의 빈도가 증대되었는가? 극단적 이기주의를 벗어나 배려와 공감을 지향하려는 대중의 노력이 활성화되었는가? 법과 질서에 대한 준수 의지가 고양되었는가? 독선적 정의감보다는 조화와 존중의 중도를 회복하였는가?

사회적 혼란과 변혁의 의지를 통하여 구성원들의 가치가 자신을 넘어 세상을 향하지 못할 때 비극은 성숙의 기회로 다가오지 못하고 비극의 증폭과 반복을 제공한다. 한국사회의 갈등과 증오를 증폭시키는 가장 중요한 요인은 기본 가치가 자기희생의 이타성이 아니라 세상희생의 극단적 이기성에서 출발하고 있다는데 있다.

이런 한국사회의 현상을 송복 교수는 정치, 경제, 행정, 언론, 교육을 막라한 한국의 고위층들이 오직 우월적 위치 선점확보에 몰두를 하였고 자리를 차지한 후에는 그 자리를 지키는 데만 급급했다라고 설명한다. (『특혜와 책임』, 송복, 가디언)

한국사회에서 고귀한 도덕성을 가진 참된 의미의 귀족을 발견하기가 어렵다. 청문회는 힘을 가진 천족들의 역겨운 뒷이야기를 쏟아내곤 한다.

하나의 사회가 성숙하려면 하나의 사회가 진보하려면 그 사회의 가치가 자신의 역할에 맞는 모범을 보이고 앞장서 봉사하고 희생하려는 가치역동성을 확보해야만 한다.

> "이조 판서 이이가 졸卒했다. 이이는 병조판서 재임시절부터 과로로
> 병이 들었는데 근래 병세가 악화되어 주상께서 줄곧 의원을 보내 치료
> 하게 할 정도였다. 관북지역 순무어사로 나가는 서익으로 하여금 이이
> 를 문병하고 국방에 관한 일을 물어보게 하였다. 이이는 '내 몸이 오직
> 나라를 위해 있을 뿐이다. 만약 이로 인하여 병이 더 심해지면 그 또한
> 나의 운명이다' 하고는 가까스로 일어나 서익을 맞이했다. 그리고는 구
> 두로 〈육조방략〉을 불러주었다. 다 받아쓰자 이이가 기절했다가 다시
> 소생했으나 끝내 하루 만에 졸했다. 향년 49세다(1584년 1월 16일).
>
> -조선왕조실록

성장있는 사회가 성숙의 사회로 가지 못한다면 그 사회는 서서히
몰락의 길을 걷게 된다. 로마의 성장에는 성숙의 모범이 있었다. 그
러나 그 모범이 탐욕으로 무너지자 로마는 서서히 쇠락 속으로 걸
어가기 시작했다.

참다운 귀족의 도래를 꿈꾸는가? 참다운 귀족은 그냥 오지 않는
다. 민주시민의 시대에 절대권력은 시민이다. 고결한 귀족은 시민

속에 있다. 새로운 시민귀족주의가 필요한 시대를 살고 있다. 어떤 위치든 그 역할에 맞는 고결한 가치역동성을 펼치려는 그 마음속에 귀족이 산다.

성숙한 리더의 핵심가치, 가치역동성

사회구조가 고도로 산업화되면서 수많은 조직이 만들어지고 조직의 위계가 생기면서 수많은 리더들이 생겨났다. 중요한 것은 리더와 리더십은 다르다는 것이다. 많은 사람이 리더와 리더십을 같은 것으로 착각하고 있다. 특히 리더라는 완장을 찬 지명형 리더들의 착각은 재앙에 가깝다.

리더는 형식과 책임의 이름이다. 리더십은 완장의 책임에 걸맞는 리더들의 성과행동이다. 조직이 기대하는 것은 리더가 아니고 리더십이다. 그러나 리더로 지명된 개인들은 성과로서의 리더십보다는 완장으로서의 리더에 매력을 느낀다. 리더의 개념을 구성원들이 스스로 힘을 키우도록 돕는 임파워링empowering이 아니라 구성원들에게 힘을 행사하는 권력power으로 인식하기 때문이다.

리더에 대한 개념왜곡의 일반화로 인하여 자생적 리더들은 우후죽순으로 솟아나는데, 기대하는 리더십은 대나무에 꽃피기를 바라는 것만큼 어려운 일이 되었다. 사공만 많을 뿐, 노 저을 사공이 없으니 저 건너 님을 향하여 애달픈 그리움의 노래만 저녁놀 바라보며 부르는 시대이다.

"아우라지 뱃사공아 배 좀 건네주게. 싸리 골 올 동박이 다 떨어진다.
떨어진 동박은 낙엽에나 쌓이지. 사시 장 철 임 그리워서 나는 못살겠네."

-정선아리랑, 애정편

가치역동성은 리더가 리더십으로 나아감에 있어 중요한 변수역할을 한다. 가치역동성의 중요한 속성이 희생sacrifice이기 때문이다. 희생은 한국사회에서는 본래의 의미와 다르게 부정적 어휘로 인식되어진다. 그럴만도 하다. 앞서 언급한 바와 같이 한국사회의 높은 리더지향성의 동기가 구성원의 힘을 키우는 임파워링empowering에서 근원하는 것이 아니라 힘의 확보라는 권력power에서 발원하기 때문이다.

힘을 축적하기 위하여 리더가 되려고 하지 힘을 나누고 힘을 고양

시키기 위하여 리더가 되려고는 하지 않는 타인희생 지향의 사회이다. 이런 사회적 분위기에서 성숙한 사회를 만드는 리더들의 사회적 의무감인 노블레스 오블리제는 발을 붙이기 어렵다. 오히려 희생을 바보들의 몫 쯤으로 생각을 한다. 누구나 화려한 공격수가 되려고 하지 팀을 묵묵히 지키는 수비수는 되지 않으려는 풍토가 고질적 취약성을 가진 플레이의 사회를 만든다.

희생은 힘을 가진 자들의 품격이다. 힘을 가진 자만이 줄 수 있기 때문이다. 그래서 영국의 귀족들은 희생을 자부심으로 여긴다. 자신의 진정한 힘을 위세가 아니라 희생을 통하여 확인하기 때문이다.

"강하고 당당하며 자유로운 나라들은 강하기 때문에 원칙을 위해 값비싼 희생을 감수할 수 있고, 당당하기 때문에 욕설과 기만 앞에서 품위를 잃지 않을 수 있으며, 자유롭고 또한 진실을 두려워하지 않기 때문에 욕설과 기만 앞에서 품위를 잃지 않을 수 있으며, 자유롭고 또한 진실을 두려워 하지 않기 때문에 정직하게 말할 수 있다는 것을 귀측은 이해하지 못한다는 것이 분명합니다."

-1952년 5월 22일 유엔군 정전협정대표 '조이' 제독이

공산군 대표에게 한 말

리더십 차원에서 자기희생에 기초한 가치역동성은 솔선수범, 서번트 리더십, 임파워먼트 등으로 구체화된다.

"대체로 인한 사람은 내가 자립하고 싶으면 남을 자립하게 하고, 내가 성취하고 싶으면 남을 성취하게 한다.

夫仁者 己欲立而立人 己欲達而達人"

-『논어』, 공자

솔선수범은 희생의 가치를 바탕으로 구성원들에게 행동의 모범을 보여주는 리더십 행동이다.

부정부패의 전력자가 권력의 중심에서 정의를 외치고, 도덕성에 치명적 문제가 있는 자가 교육의 수장질을 하는 시대이다. 대중은 먹고 살기에 바쁘다 보니 그러려니 하고 살아간다. 자라나는 청소년들에게 너무도 무서운 도덕적 죄를 짓고 사는 시대이다. 가정교육이 문제라지만 아이들에게 '정직하게 살아라!', '양심에 어긋나는 행동을 해서는 안 된다', '말과 행동이 일치된 삶을 살아라!', '열심히 살면 성공을 한다!'라는 말을 하기가 민망한 시대이다. 긍정적 솔선수범이 붕괴된 사회, 부정적 솔선수범이 창궐하는 시대이다.

"모든 일에는 근본本이 있고 말단末이 있습니다. 임금은 마땅히 자신의 마음부터 바르게 함으로써 조정을 바르게 하고, 조정을 바르게 함으로써 백관을 바르게 하고, 백관을 바르게 함으로써 만민을 바르게 하는 것입니다."

-율곡

솔선수범은 조직원의 신뢰를 만든다. 신뢰는 건강한 권위와 그에 따른 자발적 추종을 촉발시킨다. 신뢰의 자본을 가진 사회는 건강한 사회이다. 사회가 건강한 토대에 다시 서려면 이념의 문제가 아니라 도덕이 제자리에 서야만 한다. 그 변화는 위로부터 시작되어야 가능하다.

"워커 장군은 중공군이 밀고 내려 오기 시작하자 하루 평균 4시간 동안 하늘을 날았다. 8군의 우측에 있던 한국군이 붕괴되었을 때, 그는 단독으로 그 지역으로 날아가 공중정찰을 했다. 또한 2사단이 군우리 남쪽에서 매복 공격을 당했을 때는 세 차례나 전투현장으로 날아가 아군의 집중 사격을 유도했다."

......

"6.25전쟁 중 마오쩌뚱은 외아들 마오안잉을 평양의 폭격에서 잃었다. 워커장군, 아이젠하워 대통령의 아들들은 참전을 하였다. 밴플리트 장군의 아들 제임스는 폭격으로 사망을 하였고, 클라크 장군의 아들은 단장의 능선에서 세차례나 중상을 입고 퇴역했다."

-『존 톨랜드의 6.25전쟁』, 김익희 역, 바움

"리지웨이 사령관은 대구의 8군 사령부를 비워둔 채 최전선 부대를 따라다니며 천막 속에서 살았다. 전황이 위급할 때 지휘관은 최대한 전선 가까이 바짝 붙어야 한다는 것이 그의 통솔원칙이었다. 한국전쟁에서 최고 지휘관으로 평가되는 이유도 바로 이러한 솔선수범 통솔원칙 때문이었다."

-『군과나』, 백선엽, 시대정신

희생의 가치에 기반한 가치역동성은 부하직원에 대한 봉사를 통하여 부하직원의 성장과 발전을 목표로 하는 리더십(김익철, 2003)인 서번트servant 리더십과 구성원들이 내재하고 있는 힘을 각성시키고 증대시키는 임파워먼트empowerment에 영향을 미치는 중요한 변수이다.

부하직원의 성장과 힘의 증대는 성과의 방향성이 리더 자신이 아 닌 부하를 지향하고 있기 때문이다. 이는 철저히 자신의 가치를 제 공하고 희생하는 조력과 지원에 의하여 가능하기 때문이다.

"임파워먼트는 구성원이 본래 가지고 있던 파워를 키워주고 풀어주 는 것이다."

-『임파워먼트 실천 매뉴얼』, 박원우, 시그마

"임파워먼트의 목표는 파워를 주는 것이 아니라 자유를 주는 것이 다(자율적 책임행동을 막는 조직의 제약으로부터)."

-Harari, 1994

조직의 상황이 위기에 처해 있을수록 리더의 자기 희생에 바탕한 가치역동성의 실천은 조직의 정서적 불안을 해소시키고 조직의 질 서를 신속하게 회복하는 역할을 한다.

성숙한 품성을 가진 리더들은 언제나 솔선수범, 서번트 리더십, 임파워먼트로 표현되는 자기희생에 기초한 가치역동성의 리더십 행 동을 보여주었다. 그리고 구성원들은 리더이기 전에 한 인간으로서 보여준 리더들의 고결한 희생에 기반한 가치역동성에 신뢰와 자발적 추종으로써 화답을 하였다. 인간세상의 무질서는 그렇게 질서를 회복하곤 하였다.

> "제비 뽑기가 약간 조작되었다. 품질이 좋고 따뜻한 가죽백은 모두 일반 대원들의 몫이었다. 처절한 시련을 겪은 인듀어런스 호의 대원들에게 유일한 축복이 있었다면 그건 바로 섀클턴의 부하였다는 점이다."
>
> -『인듀어런스』, 케롤라인 알렉산더, 뜨인돌

성숙한 시민정신을 만드는 가치역동성

가치역동성은 사회 속에서는 협력의 가치로 나타난다. 소극적 차원의 협력은 자신의 이익과 합치되는 상황 속에서의 참여 행위이나 적극적 차원의 협력은 자신의 이익을 넘어서 자신의 가치를 동료와 팀을 위하여 사용하려는 자발적 참여행위이다.

진정한 협력은 적극적 개념의 협력으로서 성숙성을 사회 속에서 드러내는 활동이다.

『제국의 탄생』(웅진지식하우스)저자인 생물학자 피터 터친Peter Turchin은 제국의 발생요인으로 아랍어에서 유래한 강한 사회적 결속력을 상징하는 아사비야asabiya를 제시하고 있다. 그의 설명에 의하면 14세기 중동의 정치사상가였던 이븐 할둔의 기념비적 저작 '역사 서설(무카디야)'에서 최초로 설명된 집단의 아사비야는 집단의 구성원들이 하나로 뭉치는 능력, 협력하는 능력이며, 이것은 집단이 적에 맞서 자신을 보호할 수 있게 해주고 다른 집단에 자신의 의지를 강요할 수 있게 해준다라고 한다.

피터 터친은 제국이 된 나라들의 이유를 밝히려는 그의 『제국의 탄생』 저술 말미에 '나는 인류가 장기적으로 번영하려면 협력이 중요하다는 점을 분명히 보여주었으면 한다. "E piuribus unum", 우리는 다수로 이루어진 하나이다'란 말로 결론을 짓고 있다.

협력은 성숙을 만드는 개인과 조직의 위대한 특성이다. 인간집단의 위대성이 피어나던 곳에는 언제나 협력이 있었고, 인간집단의 위대성이 무너지기 시작하는 시점에는 협력의 가치가 균열을 보이기 시작하였다.

협력은 노동에 대한 촉구, 성과에 대한 동기부여 수준을 넘어선 성숙에 대한 기대행위이다. 개인과 사회가 보여주는 협력의 수준은 개인과 사회의 성숙성에 대한 중요한 판단지표이다. 협력은 기본적으로 자기희생이라는 이타성을 바탕으로 하기 때문이다. 자신의 행동을 자신의 이익을 넘어 세상의 이익 속에서 발견하려는 의지는 성숙한 인간의 절대적 특징이기 때문이다.

조직원의 가치역동성은 조직시민행동Organizational Citizenship Behavior: OCB으로 정의되기도 한다. 조직시민행동은 업무책임과 보상을 떠나 순수한 마음으로 각 구성원들이 자신이 속한 조직의 발전을 위해 자발적으로 수행하는 다양한 지원 활동을 의미한다. 따라서 자신의 가치를 세상 속에서 확산시키려는 가치역동성과 같은 개념으로 볼 수가 있는 것이다. 성숙한 민주시민들이 조직 내에서 보여주는 이타적이고 선한 영향력을 발휘하는 가치역동성이다.

"한 사람 한 사람이 각자의 집 앞을 깨끗하게 청소하면 온 마을이 깨끗해진다. 이처럼 자신의 마음을 온화하고 정직한 상태로 유지하는 것으로도 세상은 아름다워질 수 있다."

-『시민의 의무』, 괴테

가치역동성은 조직차원에서는 기업윤리로 나타난다.

기업윤리corporate ethics는 경영활동의 규범적 기준을 사회의 윤리적 가치체계에 두는 경영 방식이라고 정의한다. 이 말은 기업의 가치를 기업자신이 아니라 사회, 소비자의 기대와 이익에 근거하여 평가한다는 의미를 내포하고 있다. 한 마디로 사회가 기업에 대하여 기대하는 가치역동성 활동을 펼치는 것이 기업윤리이다.

한국의 기업은 지난 세기를 통하여 경이로운 성장을 하여왔다. 그러나 성장의 정점에 선 지금, 수많은 사회적 도전을 받고 있다. 도전 속에서 기업이 요동치는 이유는 삼류 정치가 일류기업을 지배하려는 속성도 원인 중의 하나지만 가장 큰 이유는 외형적 일류를 만든 성장에 성숙의 철학이 부재했거나 퇴보했기 때문이다.

한국기업의 새로운 도약은 성숙에 대한 자발적 가치정립에서 출발해야만 한다. 사회적 눈치를 보기 위한 사회기여활동이 기업의 윤리를 대변한다고 생각하면 낭패를 보기 쉽다. 윤리경영은 기업의 발전을 가치역동성 속에서 찾는 과정이다.

1. 손녀에게는 대학 졸업까지 학자금 1만 달러를 준다.

2. 딸에게는 학교 안에 있는 묘소와 주변 땅 5천 평을 물려준다. 그
   땅을 동산으로 꾸미고, 결코 울타리를 치지 말고 중·고교 학생들
   이 마음대로 드나들게 하여 그 어린 학생들이 티없이 맑은 정신에
   깃든 젊은 의지를 지하에서나마 더불어 느끼게 해달라.

3. 내 소유 주식은 전부 사회에 기증한다.

4. 아내는 딸이 그 노후를 잘 돌보아 주기 바란다.

5. 아들은 대학까지 졸업시켰으니 앞으로는 자립해서 살아가거라.

－유한양행을 설립한 존경 받는 기업가 유일한 박사의 유언장, 1971년 3월

기업의 가치역동성이 윤리경영이라면 공공조직과 공직자의 가치
역동성은 청렴淸廉에서 발견할 수 있다. 청렴은 사전상 성품과 행실
이 높고 맑으며, 탐욕이 없는 상태를 의미한다. 공공조직과 공직자
의 윤리, 즉 국민이 기대하는 가치는 투명하고 정직한 봉사자의 이
미지이다. 그래서 공직자를 A civil servant 혹은 public servant
라고 한다. 단어 그대로 국민에 대한 봉사자를 의미한다.

"청렴淸廉은 수령의 본무요, 모든 선善의 근원이요, 모든 덕德의 근본
이니 청렴하지 않고서 수령이 된다는 것은 있을 수 없는 일이다.

廉者, 牧之本務, 萬善之原, 諸德之根, 不廉而能牧者, 未之有也."

-『목민심서』 제1편 속리 中

봉사의 본질은 무엇인가. 나의 이익을 탐하기 위한 것이 아니라 자신의 자발적 희생을 통하여 상대에게 가치를 제공하는 행위이다. 따라서 공직자의 윤리는 봉사며 그 봉사는 청렴에 기반하여 두루 두루 모남 없이 맑고 반듯함으로 해야만 하는 것이다.

공무원이 꿈이 된 시대에 공무원이 개인에게 안정을 주는 직업이 아니라 국민에게 안정을 주는 막중한 책임을 짊어진 직업이라는 것을 각성해 볼 필요가 있다.

철학이 있는 부는 오래간다

부에 관하여 한국사회는 언제부터인가 패러독스의 늪에 빠져 있다. 돈을 성공으로 생각하는 왜곡된 가치편중의 사회 속에 살면서도 부자들에 대한 반감이 부를 향한 욕망의 크기만큼 증대되는 모순에 빠져있다. 그 중에서도 한국경제 발전의 견인역할을 한 재벌기업에 대한 반감은 어느 때 보다 높다. 왜 오늘날 재벌기업들이 욕을 먹는가? 우리는 재벌기업들이 지탄을 받는 이유를 재벌기업의 가치역동성의 취약성에서 발견할 수가 있다.

삼성과 현대 창업주의 가치를 살펴보면 사업보국事業報國이 중요한 위치를 차지했다는 것을 알 수가 있다.

"나에게 후회없는 삶이란 좋은 일을 하는 것을 의미한다. 일이야말로 삶의 보람이다. 좋은 일은 사람, 사회, 국가에 도움이 되는 일을 뜻한다."

-삼성 창업주 이병철

"우리가 잘되는 것이 나라가 잘되는 것이며, 나라가 잘되는 것이 우리가 잘될 수 있는 길이다."

-현대 창업주 정주영

그러나 기업의 성장과 승계 속에서 가치역동성의 창업정신은 희미해지고 오만과 탐욕이 그 자리를 채우게 되는 것을 목격하게 된다.

흔히 부자는 3대를 못 간다고 한다. 왜 그럴까? 아둥바둥 허리끈을 졸라맨 부들이 채 3대를 못 넘기는 이유가 무엇일까? 지금 우리는 몇 대의 풍요 속에 존재하는가? 그대의 조부께서 부를 만드셨다면 바로 그대가 그 소멸의 3대이다.

그러나 걱정할 필요는 없다. 대부분의 부가 3대에서 소멸해도 오래가는 부의 원리가 있기 때문이다. 즉, 일반적 경로를 벗어날 수 있는 희망이 있기 때문이다.

결론적으로 이야기하면 철학이 있는 부는 오래간다. 그 철학은 가치역동성과 깊은 연관성이 있다. 개인의 탐욕을 넘어 세상을 섬기는 부는 오래간다.

우리 역사에도 그런 부자들이 존재하였다. 대표적인 부자가 경주 최씨이다. 400여 년이 넘는 부를 이어온 경주 최씨의 부는 천박한 자본주의와 상대적 빈곤의 갈등 속에서 자기패러독스에 빠진 기업과 개인에게 많은 시사점을 제공한다.

경주최씨 행동지침 육훈六訓

1. 과거를 보되 진사 이상 벼슬을 하지 마라.

2. 만석 이상 재산은 사회에 환원하라.

3. 흉년기에는 땅을 늘리지 마라.

4. 과객을 후하게 대접하라.

5. 주변 100리 안에 굶는 사람이 없게 하라.

6. 시집 온 며느리들은 3년간 무명옷을 입어라

경주 최씨의 육훈六訓은 오늘날에도 여전히 따뜻한 피가 흐르는 시대의 지침처럼 다가온다. 정치의 위험성, 기부정신, 정당한 부의 축적, 고객서비스, 부의 선한 영향력행사와 존재목적, 수신치가.

부가 어디로 가야 할 것인가 고민할 필요도 없다.

우리의 아름다운 자산인 경주 최씨의 교훈대로만 해도 부는 아름다운 제자리를 찾아갈 것이다. 부富가 가야 할 방향은 귀貴이다. 부는 결국 천함이 아니라 귀함으로 귀결지어야 한다. 부가 영화를 누리는 것이 아니라 귀함을 추구하는 부가 영화를 누리는 것이다.

"돈에 의존하거나 돈 때문에 노심초사하는 사람은 진정 가난한 사람입니다. 다른 사람을 섬기는 데 돈을 쓰는 사람은 부자입니다. 정말 엄청난 부자입니다."

-마더 테레사

"나에게는 힘든 결정이었다. 마이크로소프트사의 성공으로 나는 엄청난 부를 얻었다. 그러므로 나에게는 부를 사회에 돌려줄 큰 책임이 있고, 또 최선의 방식으로 돌려줘야 한다고 믿는다."

-2006년 6월 빌 게이츠의 자선단체전념을 위한 은퇴발표문

부자는 계속 태어나야 한다. 부에 대한 편견과 콤플렉스를 가진 집단이 색안경을 쓰고 모욕을 만들어내도 더 많은 선한 영향력을 위하여 더 많은 부자와 대기업은 탄생하여야만 한다.

그러나 그 부의 방향은 성숙을 품어야만 한다. 세상을 향한 철학을 품은 건강한 진보, 건강한 보수의 철학을 가진 부들이 이 땅에 피어나야만 한다. 이 시대의 과제는 천박한 자본주의를 넘어 성숙한 자본주의의 씨를 뿌리는 것이다.

"돈만을 목적으로 한 고리대금이라든지, 은행 이자만 타먹으면서 재산을 불린다든지 하는 것은 진정한 자본주의가 아니다. 그것은 악성 자본주의이다."

-현대 창업주 정주영

선한 영향력의 출발점은 현재이다

2016년 10월, 광안리 해수욕장에서 외국인 모녀가 청소를 하는 한 장의 사진은 우리 모두를 감동시키고 숙연하게 만들었다. 태풍 '차바'가 지나간 자리, 아름다운 해변이 쓰레기로 흉해진 것을 보고 그 쓰레기를 묵묵히 걷어내던 외국인 모녀의 모습은 가치역동성이 무엇인지를 잘 설명해주고 있다.

자신의 영향력을 각성하고 자신의 가치를 확산시키려는 삶의 태도인 가치역동성은 범인들이 실천하기 어려운 가치가 아니다. 어렵다고 생각하는 것은 스스로의 가치와 스스로의 영향력을 각성하고 있지 못하거나 스스로 행동의 그림을 거대한 것으로 설정하여 놓고 지레 위축되고 있기 때문이다. 가치역동성은 행동의 사이즈가 아니다. 행동이 품은 이타성이다. 워렌 버핏의 수백억 달러나 어린 유치원생의 몇 천원의 돼지저금통장이나 기부가 가지는 가치역동성의 크기는 똑같다.

누구나 살아 있는 그 자체로서 생명이고 에너지고 영향력의 중심이다. 가치의 역동성은 무엇이 되려는 것이 아니라 현재의 자신으로서 선한 영향력을 추구하는 삶의 태도이다.

스위스 슈탄스라시의 거리에서 허름한 차림의 노인이 무엇인가를 열심히 주어서 주머니에 넣고 있었다. 지나던 경관이 그를 잡아 세우고 의심에 찬 눈초리로 묻는다. "당신의 주머니에 넣은 것이 무엇이오?"

노인은 잠시 주춤하더니 주머니 속의 물건을 꺼내 경관에게 보여준다. 주머니에서 나온 것은 한줌의 유리조각. 의아한 경관이 묻는다.

"무엇을 하려고 이것을 주었오?"

노인은 주변의 어린이들을 가리킨다. 대부분의 아이들이 맨발로 뛰어 놀고 있었다. 그는 바로 '모든 일을 남을 위해 일했을 뿐, 그 자신을 위해서는 아무 것도 하지 않았다'는 묘비명을 남긴 근대교육의 아버지 페스탈로치1746~1827였다.

무엇이 된 뒤에 가치를 확산하려고 하지 마라. 사람들이 가장 잘 하는 거짓말은 내가 나중에 부자가 되면, 내가 나중에 성공을 하면, 내가 은퇴를 하면이란 전제를 단 미래의 의지이다. 다 거짓말이다. 그런 때는 없다. 바람직한 가치역동성의 실천은 지금의 자리.지금의 상태에서 시작된다. 자신이 가진 것으로, 자신이 하고 있는 직업으로서, 자신이 있는 있는 자리에서 자신의 지위로서 펼쳐지는 가치의 확산이 가치역동성이다.

『얻어 먹을 수 있는 힘만 있어도 그것은 주님의 은총』이라며 자신보다 더 불쌍한 음성 무극리 다리 밑의 병든 거지가족을 보살피기 시작한 이래 많은 걸인들을 위하여 동냥을 하여 먹여 살리고 어린 이들을 위하여 길가의 깨진 병 조각까지 줍던 '살아 있는 작은 그리스도'라고 불렸던 거지 성자 최귀동 할아버지(1909-1990). 그는 마지막 순간까지도 그의 눈을 세상에 기증한 채 떠나갔다.

음성 꽃동네를 있게 한, 거지성자 최귀동 할아버지의 삶은 상대적으로 풍요로운 물질적 삶을 사는 오늘날의 우리 모두에게 반성을 제공한다.

세상에 의미를 제공하는 삶이라는 것이 어떤 절대적 위치에 위치에 있는 이들의 행동, 어떤 탁월한 의지를 가진 리더들의 행동이라는 고정관념을 대부분이 벗어나지 못하기 때문이다. 누구나 지금의 자체로서 위대하고, 그 자체로서 영향력의 중심에 서있다.

세계적인 부자 워렌 버핏이 재산의 85%인 370억 달러를 기부하는 것이나 걸인 최귀동 할아버지가 식은 밥 한줌을 구걸하여 병마에 쓰러진 거지 가족을 먹여 살리는 것이나 가치의 역동성의 차이는 존재하지 않는다. 가치역동성은 상대적 개념이 아니라 개개 생명과 조직의 절대적인 가치이기 때문이다. 오직 당신 자신으로서, 당신 조직의 업으로서 세상에 가치를 제공해야만 하기 때문이다.

모든 위대함은 나 자신 안에 존재할 뿐이다. 위대함은 상대적 가치가 아니라 절대적 가치이기 때문이다. 가치역동성의 실천을 방해하는 장애물은 나보다 우월한 상황을 확보한 사람과 조직이 제공하는 영향력이라는 잘못된 편견이다.

번화가에서 사랑에 빠진 연인이 서로에게 비싼 선물을 한다. 바람이 부는 길가에서 구세군이 사랑의 종을 울린다. 유치원 정도의 꼬마가 쪼르르 달려가 주머니에서 백 원짜리 동전 몇 푼을 집어 넣고 부모 품으로 달려 온다. 누가 가치역동적인가. 연인의 행동은 작은 영향력의 나눔이지만 꼬마의 행동은 그 자체의 행동으로서 가치역동성의 본 모습을 설명하여 준다.

세상을 섬긴다는 단체와 사람들은 기하급수적으로 많이 늘어나지만 세상의 외로운 그림자는 줄어들지가 않는다. 가짜 가치역동성을 내세운 유사리더들이 넘쳐나기 때문이다. 악어의 눈물이라는 장기를 가진 그들은 정치,사회,기업 여기저기에서 넘쳐흐른다. 그들이 그동안 갈고 닦은 연기력을 보여주는 최고의 무대는 인사청문회이다.

"유사리더Pseudo Leader는 리더십을 행사함에 있어 내면적인 자아와 외면적인 자아가 분절된 상태에서 리더의 직책으로 균열을 포장하는 사람들이다. 이를 숨기기 위해서 악어의 눈물을 흘려가며 진정성을 연출한다."

-『진정성이란 무엇인가?』, 윤정구, 한언

악어의 눈물이 넘치는 시대에, 아름다운 가난을 몸소 실천하며 사회의 가난과 고독을 치유하는 진정한 가치역동성이 절실한 시대이다.

"오늘날 가난한 사람들에 대해 말하는 것이 일종의 유행처럼 번지는데, 불행하게도 가난한 사람과 대화하는 것은 유행하지 않습니다."

-마더 테레사

가치역동성은 지금 이 자리에서 내가 줄 수 있는 것으로 세상에 가치를 제공하는 삶을 의미한다.

부자는 많이 가진 사람이 아니라 많이 줄 수 있는 사람이고 거지는 아무것도 가지지 못한 사람이 아니라 아무것도 주지 못하는 사람이기 때문이다.

가치역동성은 자신의 존재이유를 행동으로 설명하며 사는 것이다. 참된 존재이유에 기반하여 살아가는 사람과 조직의 모습이다.

"나는 날마다, 모든 면에서, 점점 더 좋아지고 있다.

(Day by day, in Everyway, I am getting better and better.)"

-에밀 쿠에

가치역동성은 개인과 조직이 자신의 영향력을 각성하고 그 영향력을 이타적으로 확산시키려는 의지의 활동이다.

가치역동성은 세상에 힘을 제공하려는 의지와 활동이지만, 더불어 자신의 힘의 크기를 무한히 확장시키는 자기 임파워링empowering이기도 하다. 수시로 다음과 같이 가치역동성의 자기 암시를 암송하거나 자신에게 이야기하여 보자! 무의식은 의식을 받아들일 뿐이다.

"나의 매일매일은 세상의 행복에 기여하는 일로 가득하다. 나는 세상에 빛이 되는 삶을 살고 있다. 세상을 향한 사랑은 나날이 맑고 풍요로운 나를 만들어 주고 있다."

자기 암시든 자신이 만든 자기 암시든 메시지를 말할 때 밝고 힘찬 빛을 상상하며 하라. 그리고 수시로 주문처럼, 기도문처럼 조용히 중얼거려 보자. 그 기적의 열매는 자신의 몫이다.

럭비는 경쟁하되 분쟁하지 않는다.

부상이 속출하는 격한 경기에도 불구하고

모든 경기가 끝나면 하나로 돌아온다.

No Side!의 외침이 그들을 하나로 돌아오게 한다.

'편은 없다, 우리는 하나이다.

화이부동 和而不同
"군자는 화합을 하되 자신의 주관을 잃지 않는 자이며,
통합을 이끌되 다름을 인정하는 자이다."

성숙변수 No side

하나의 본질로 돌아가라!

경쟁하되 다투지 않는 신사들의 비밀, NO SIDE

럭비를 신사운동이라고 한다. 신사_{gentleman}는 교양과 예의의 품격을 가진 사람을 일컫는 말이다. 럭비를 신사들의 운동이라고 하는 것은 그들의 플레이를 보면 이해할 수가 있다.

몸과 몸이 부딪히는 격한 운동이고 부상도 속출하지만 그들은 절대 패싸움을 하지 않는다. 인간적인 신경전은 가끔 목격되어도 그들은 싸움을 하지 않는다. 감정을 이기지 못하여 분쟁으로 가는 것을 그들은 명예를 더럽히는 일로 여긴다. 물론 럭비의 전통과 철학이 문화화된 나라의 이야기지만. 한 판의 격렬한 경기가 끝나면 선수들은 서로 터널을 만들어 격려하거나 악수를 하며 덤덤히 그라운드를 빠져 나온다.

무엇이 저들의 평화를 만드는 것일까? 럭비는 경기가 끝나면 심판이 '노 사이드NO SIDE'를 외친다. 한 마디로 편은 없다는 선언이다. 너와 나라는 이기적 분별심을 내려놓으라는 외침이다. 오직 하나, 럭비를 하던 사람들과 그런 사람들을 받아주던 그라운드만이 존재한다는 자기초월의 선언이다.

성숙한 사회의 진보는 선의의 경쟁에서 시작된다. 그러나 그들은 경쟁을 갈등으로 몰고가지 않는다. 합리적이고 공정한 상호간의 규범 속에서 그들의 발전적 경쟁을 유지하여 간다. 성숙한 사회는 긴장이 유발되더라도 그 사건을 통하여 성찰을 하지 성토를 하지 않는다.

"전능하신 하느님과 형제들에게 고백하오니 생각과 말과 행위로 죄를 많이 지었으며 자주 의무를 소홀히 하였나이다. 제 탓이요. 제 탓이요. 저의 큰 탓이옵니다."

-천주교 고백기도

미숙한 사회일수록 성찰보다는 성토가 대세가 되어 갈등이나 사건이 성숙의 기회로 활용하지 못한다.

성숙한 사회는 하나의 긴장을 유발하는 사건을 통하여 공생적 질문NO SIDE QUESTION을 한다.

"우리는 이 사건을 통하여 무엇을 배웠고 어떻게 행동을 해야 하는가? 나부터 반성을 하자!"

반면에 미숙한 사회는 똑 같은 사건을 통하여 독선적 질문SIDE QUESTION을 한다.

"누가 책임을 져야만 하는가? 누구를 처벌해야만 하는가? 나는 문제가 없다. 저들이 문제다."

"감사합니다. 서로 사랑하십시오, 용서하십시오."

-김수한 추기경의 유언

그러나 중요한 사실은, 사회적 진보를 이룬 역사는 하나같이 본질은 하나라는 노 사이드의 공생적 성찰을 통하여 보다 견고한 통합적 사회자본을 확보하였다는 것이다.

"나에게는 꿈이 있습니다.

언젠가는 조지아의 붉은 언덕 위에 예전에 노예였던 부모의 자식과

그 노예의 주인이었던 부모의 자식들이 형제애의 식탁에 함께 둘러앉

는 날이 오리라는 꿈입니다. 앨라배마주가 변하여, 흑인 소년과 소녀

들이 백인 소년과 소녀들과 손을 잡고 형제자매처럼 함께 걸어갈 수 있

는 상황이 되는 꿈입니다."

-마틴 루터 킹 연설 중

통합의 핵심가치가 노 사이드, 관계역동성이다

아무것도 없는 들판에서 봄기운이 피어오른다. 농부는 땅을 갈아

봄기운을 돕는다. 어느덧 들판에 생명이 피어오르고 그 모든 것들

은 생기발랄하게 개개의 최선을 다하여 자신을 드러내 보인다. 그

러나 가을이 오면 모든 것들은 다시 고개를 숙이며 본래의 자리로

돌아가고 벌판은 빈 자리를 드러낸다.

자연은 개개의 위대함을 보인듯 하다가 하나의 위대함을 보여준

다. 이래서 우주만물은 하나라는 의미에서, 천지동근天地同根이라고

한다. 관계가 성숙할수록 관계의 관점을 자신의 우월이 아니라 모두의 우월을 추구하며 경쟁의 관점이 아니라 통합의 관점에서 접근한다.

> 세계는 한 송이 꽃. 너와 내가 둘이 아니요, 산천초목이 둘이 아니요.
> 이 나라 저 나라가 둘이 아니요, 이 세상 모든 것이 한 송이 꽃.
> 어리석은 자들은 온 세상이 한 송이 꽃인 줄을 모르고 있어.
> 그래서 나와 너를 구분하고, 내 것과 네 것을 분별하고, 적과 동지를 구별하고, 다투고 빼앗고, 죽이고 있다.
> 나라와 나라도 한 송이 꽃이거늘, 이 세상 모든 것이 한 송이 꽃이라는 이 생각을 바로 지니면 세상은 편한 것이요.
>
> -세계일화(世界一花), 만공 선사 법문 중

모든 시대가 모든 사회가 통합과 화합을 이야기한다. 그러나 왜 구호로 끝나곤 하는 것일까? 공생의 노 사이드no side 관점이 아니라 독선의 사이드side 관점에서 통합과 화합을 이야기하기 때문이다. 많은 사람이 배신감을 품고 산다.

애초에 그쪽은 해당되지 않는 그들만의 통합과 화합이었다는 것을 너무도 늦게 사람들은 깨닫는다. 성숙은 똑똑한 자들의 단어선택에 있지 않다. 성숙은 단어를 넘어서고 자신을 넘어선 자들의 큰 행동에 있다. 성숙한 사회, 성숙한 인간은 관계역동성을 지향한다.

관계역동성은 구성원 상호간에 대하여 본질적 동일성, 형식적 차이성의 인식을 바탕으로 상호 존중하고 화합을 추구하는 포용적 관계태도를 의미한다.

관계역동성은 노 사이드no side의 실천행동이다.

관계역동성은 인간의 본질을 탐색하고 성찰하는 활동이다.

관계역동성은 이해하고 배려하려는 실천행동이다.

관계역동성은 사랑과 자비로서 상대를 대하는 행동이다.

관계역동성은 용서의 선물을 주는 정신적 부자들의 행동이다.

관계역동성은 감사와 겸손의 실천행동이다.

관계역동성은 진정성 있는 포용 행동이다.

관계역동성은 사회구성원의 신뢰를 증진시키는 활동이다.

관계역동성은 존귀하고 평등한 진정한 우주의 일부로 돌아가는 것이다. 그리하여 하나의 평화로 돌아가는 위대한 실천행동이다.

흙으로 돌아가 하나의 황토가 되기 전에 살아서 본질로 살다가는 성숙한 자들의 삶이다.

위대한 시대의 덕목 -존중과 포용의 개방성

성장의 과정 속에서 어떤 국가는 역사의 한 축을 이룬 제국이 되고 어떤 국가는 전설처럼 사라져갔다. 다양한 원인이 존재하겠지만 그중에서도 가장 중요한 특징이라면 다양성에 대한 존중과 포용이다. 위대한 제국은 점령과 포용, 안정과 신뢰의 단계적 시스템을 가동하며 그 규모를 키우고 내실을 다져나갔다.

·작은 부족국가였던 로마는 확장을 통하여 복속한 부족들을 패자로 취급한 것이 아니라 공동의 파트너로 대접하고 로마시민권을 제공하는 적극적 개방시스템으로 국가운영을 하였다. 그 결과 로마의 확장은 로마시민의 확대로 결과 지어졌고 여기에서 로마제국의 경제력과 군사력이 발생하였다.

·강한 전사집단이었던 스파르타는 자신의 국가와 부족에 대한 절대적 자부심과 충성이 패자들을 차별과 예속의 대상으로 인식하게 되었고 전투에서 승리를 할수록 그들의 적은 더욱더 많아지는 한계를 창출하는 국가경영을 하였다.

·천년에 한 번 나올까 말까 한 제왕이라고 평가를 받는 청의 4대

황제 강희제가 8기군 군사 15만 명으로 1억 5천만 명의 한족을 이끌어 갈 수 있었던 것은 군사력의 위세가 아니라 철저한 존중과 화합의 통치노력 때문이었다. 만주와 한족의 산해진미를 준비하여 전국의 환갑이 넘은 3천 명을 초대하여 화합의 잔치를 여는 등 한족의 마음을 사고 한족과 화합하려는 노력을 통하여 무려 268년간의 통치기반을 조성하였다.

·알렉산더 대왕은 33세에 인도에서 사망하기까지 페르시아, 인도에 이르는 대제국을 건설할 수 있었던 것은 그의 전쟁-관용-동맹-융화의 리더십이 있었기에 가능하였다. 그의 융화정책을 가장 잘 나타내는 것이 헬레니즘문화의 영향하에 그리스 미술과 인도 미술이 융합한 간다라 미술이다.

『로마인 이야기』를 저술한 시오노 나나미는 서문에서 "지성에서는 그리스인보다 못하고, 체력에서는 켈트인이나 게르만인보다 못하고, 기술력에서는 에트루리아인보다 못하고, 경제력에서는 카르타고인보다 뒤떨어지는 것이 로마인이라고, 로마인들 스스로가 인정하고 있었습니다. 그런데 왜 그들만이 그토록 번영할 수 있었을까요? 커다란 문명권을 형성하고 오랫동안 그것을 유지할 수 있었을까요?"라는 로마인 이야기의 궁극적 탐구목적을 질문한다.

그리고 그녀는 그 답을 군사력도, 정신력도 아닌 로마인의 개방성. 이기고 난 뒤의 관용에 바탕한 더 커진 하나를 만드는 쿨한 로마인들의 개방성에서 위대한 로마의 비밀을 찾고 있다.

미래학자 마티아스 호르크스는 그의 저서 『변화의 미래』에서 로마제국의 힘을 여러 대륙에 걸쳐있는 100개의 문화적 다양성, 5,500명으로 이뤄진 35개 군단의 유지, 통제, 무장의 능력, 수도와 도로의 전 대륙 간 연결을 통한 소통의 힘 그리고 체계적인 지방관할을 하는 행정의 힘에서 찾고 있다. 그는 로마제국을 거대한 프랜차이즈 기업이라고 비유하고 있다.

이와 같은 성공적 프랜차이즈를 가능하게 한 것은 그들의 포용에 기반한 개방성이었다. 시오노 나나미는 '로마인 이야기'에서 종교적 비관용, 타 민족과 인종에 대한 차별, 통치를 지배하는 이념적 차별성 등, 로마로부터 2천년이 지났음에도 불구하고 편협성에 빠진 현대의 상황을 비판한다. 아울러 그는 말한다. '로마로부터 아득히 멀다'라는 표현은 시공간의 거리감이 아니라 그들의 탁월한 개방적 가치로부터 멀어진 현시대의 상황을 비유하는 것이라고.

자신들만의 선민의식에 기반한 차별정책을 펼쳤던 민족이나 국가는 피지배 세력들의 비협조와 지속적 저항을 통하여 그들이 가지고 있던 에너지를 소진시킨 채 역사 속으로 사라져갔다.

"플루타르코스는 패자까지 포용하여 동화시키는 로마인의 생활방식이야말로 로마가 융성한 요인이라고 단언했다. 플루타르코스의 모국인 그리스에서는 그리스인이 아닌 민족을 바르바로이야만인이라고 불렀을 뿐만 아니라, 같은 그리스인 사이에서도 스파르타 출신이 아테네 시민권을 획득하는 것은 불가능했다."

-『로마인 이야기』, 시오노 나나미

정복의 목적을 지배로 택한 국가는 사라졌지만 정복의 목적을 융합으로 선택한 국가는 제국을 만들었다. 위대한 정복자들은 본능적으로 알고 있었다. 자신들이 그들을 공격한 것은 파괴하기 위한 것이 아니라 그들을 자신의 세계로 받아들여 어제보다 더 크고 튼튼한 세계를 구축하기 위한 것임을. 자신들의 지속적 번영은 배타적 단일성이 아니라 포용적 융합에서 나온다는 것을. 그들에게 있어서 낯선 세력, 낯선 공간, 낯선 문화는 더 큰 세상으로 가기 위한 과정이고 에너지였다.

생물계에서 가장 취약한 종은 순종이다. 순종은 사라지지만 잡종hybrid은 서로의 강점을 받아들이며 진화한다. 식물이나 동물도 잡종교배를 시키면 잡종의 후손이 부모세대보다 더 강한 잡종강세heterosis의 특성을 보인다.

위대한 역사를 만드는 리더들은 포용과 존중으로서 기존의 힘을 새롭게 하고 더욱 강한 면역체계를 가진 긍정적 의미의 하이브리드 세계를 창조한다. 포용과 관용이 없는 시대에 번영은 없었다. 존중이 없는 시대에 번영은 없었다.

포용이 만드는 번영의 시대를 전상인 교수는 『박태준 사상, 미래를 열다』(아시아)에서 그리스의 페리클레스 시대, 영국의 엘리자베스 여왕시대, 미국의 독립전쟁시대와 1940년대를 역사학자들이 꼽는 대표적 황금시대라고 규정하며 그 시대의 특징 중 하나로 수많은 인재의 출현을 거론한다. 그것은 미국뿐만 아니라 대한민국의 고도성장기에도 똑같은 현상이었다고 설명한다. 그는 이런 수많은 인재의 출현을 가능하게 한 결정적 원인을 인재가 인재를 알아주는 세상, 혹은 사람들이 영웅을 수용하는 세상에서 찾는다. 그런 차원에서 그 시대를 나름의 '위대한 시대'였다고 규정한다.

주위를 둘러보라. 주변의 이질적 존재, 기대에 어긋나는 존재들은 어쩌면 발전의 장애요소가 아니라 강한 면역체를 제공하는 축복의 다른 모습이 아닐런지.

사회를 성장시키고 조직을 키운다는 것은 포용융합의 가치를 적극적으로 인식하고 실천하기 위하여 개인적 취향과 가치가 다를 수 있는 구성원이나 집단의 강점을 적극적으로 받아들이고 수용하려는 활동이다. 왜 인류는 저 멀리 다른 민족을 공격하였던가? 왜 인류는 바다를 건너 새로운 세상을 찾아 헤맸던 것인가? 탐욕의 욕망 너머에 인류지속의 본능적 융합의지가 인류를 다른 곳으로 다른 사람들 속으로 이끌었던 것이 아닐까? 다름과의 조화, 다름과 섞이지 않으면 생명유지력이 약화된다는 것을 본능적으로 받아들였기 때문이 아닐까? 다름을 찾아 헤매는 인류의 속성이 어제의 희망이었듯이 미래의 희망이 아닐까?

"한 사람이 커다란 업적을 거두기 위해서는 여러 사람의 손과 마음과 지혜가 필요하다."

-월트 디즈니

작은 리더와 큰 리더를 가르는 포용의 리더십

리더십의 중심은 무엇일까? 리더십의 중심은 사람이고, 리더십은
사람을 다루는 예술이다. 카네기의 묘비명은 리더십의 본질을 잘
설명하여 주고 있다.

"Here lies A Man Who Knew How to Enlist in His Service
Better Men Than Himself.

　자신보다 더 뛰어난 사람들의 협력을 이끌어 낼 수 있는 능력을 가
진 사람, 여기에 잠들다."

-철강왕 앤드류 카네기(Andrew Carnegie, 1835~1919) 묘비명

왜 똑똑한 사람들은 리더십에서 실패할까? 왜 성공한 선수가 성
공한 지도자가 되기 힘든 것일까?

개인적으로 뛰어난 사람들은 개인적 탁월성에 근거하여 리더십을
발휘하려고 한다. 자신들의 탁월성을 빛내기 위하여 리더십을 사용
하려고 한다. 리더십은 리더 자신의 탁월성이 아닌 파트너들의 탁
월성과 다양성이 만드는 예술이라는 것을 그들은 모른다. 대부분

의 리더들이 자신보다 못한 사람들을 고용하려는 경향성인 해리의 법칙Harry's Rule이라는 함정에 빠진다.

그리고 그들은 리더십을 지식이라고 생각하며 리더십이 실패할수록 리더십의 지식에 집착한다. 리더십이 위기에 봉착할수록 그들은 현장을 벗어나 리더십의 지식을 찾아서 여기저기 세미나장을 찾아 헤맨다. 그 와중에 조직이 사라졌다는 소식을 듣는다. 결국 그들은 리더십 무용론을 펴며 리더십의 실패를 위로한다.

> "나는 결코 위대한 아티스트도, 뛰어난 애니메이터도 아니다. 내 주위에는 항상 뛰어난 기술을 가진 사람들이 나 대신 일을 하고 있다. 나는 그저 새로운 일을 생각해내는 아이디어 맨일 뿐이다."
>
> -월트 디즈니

리더십은 개인지능IQ: intelligence quotient에 근거한 역량이 아니다. 리더십은 집단 지성collective intelligence에 근거한 관계의 예술이다. 리더십은 집단 지성을 촉진시켜 전체의 합 이상의 결과물을 창출하는 활동이다. 집단 지성은 구성원의 다양성에서 출발한다. 집단 지성은 다양성을 가진 집단의 협력과 경쟁의 내부적 활동과정에서 공유하게 되는 지혜이다. 따라서 리더십의 필요조건은 리더십 자원으로서의 다양성을 확보하는 것이다.

1915년 27명의 대원과 함께 남극 탐험을 떠났던 어니스트 섀클턴은 남극의 부빙 위에서 조난을 당한다. 그러나 섀클턴은 한 명의 희생자도 없이 634일만에 귀환을 한다.

그들이 남긴 기록을 통하여 가장 모범적인 리더십의 사례로 소개되는 섀클턴의 리더십이 성공할 수 있었던 이유를 구성원의 다양성 확보에서 찾을 수 있다. 인듀런스호에는 일반선원, 고급선원, 예술가, 과학자 등 다양한 사람들이 타고 있었다. 심지어 섀클턴이 데리고 간 충직한 69마리의 썰매 개 조차도 순종은 한 마리도 없었다. 선원 오들리는 '어느 정도 잡종이 아닌 개는 한 마리도 없었다'라고 그의 일기에서 적고 있다.

다양성 확보라는 필요조건이 리더십의 성공을 만드는 것은 아니다. 리더십의 충분조건은 다양성의 수용과 활용에 있다. 즉, 구성원의 역량을 명확히 파악하고 적재적소에 조화롭게 활용하는 것이다.

"일을 잘 처리하는 사람이 유능한 사람입니다. 단점을 버리고 장점을 취하면, 탐욕스런 사람이나 청렴한 사람이나 모두 부릴 수 있습니다. 하지만 결점만 지적하고 허물만 적발한다면, 현명하고 유능한 사람이라도 벗어날 수 없습니다."

-강희맹: 세종의 인재를 구하는 방법에 대한 책문, 책문, 김태완, 소나무

샤클턴은 길고 긴 남극의 고립 속에서 그들의 다양성을 잘 활성화시켰다. 절망의 그림자가 드리우지 않도록, 때로 누군가는 노래를 하고 사진을 찍으며 요리를 했다. 만약에 탐험대원이 전부 용감한 영국 해병대원으로만 구성되었더라면 절대 위기와 다양한 문제상황 속에서 상황의 요구를 적절히 대응하지 못하였을 것이다.

"사회적 자본을 성공적으로 동원하는 비결은 차이와 다양성에 대한 존중에서 시작된다. 이 차이와 다양성을 우리라는 관계 속으로 끌어들이고, 공동의 사명을 기반으로 새로운 세계를 만들어 나간다.

-『진성리더십』, 윤정구, 라온북스

개성이 강해지고 다원적 민주주의가 요구되는 시대에 더욱더 절실한 리더십이 다양성의 수용과 활용을 기반으로 하는 포용의 리더십이다.

"내가 해 온 일 중에서 무엇보다 중요한 것은 나와 함께 일하는 사람들을 조화롭게 통합하고, 그들의 노력을 정해진 방향의 골문으로 향하게 하는 것이었다."

-월트 디즈니

1977년도에 포항제철 제1제강공장에서 크레인 기사의 졸음운전으로 쇳물이 바닥에 쏟아지는 대형사고가 발생하였다. 그 사고를 보고받은 박태준 사장은 바로 사고를 낸 크레인 기사의 집을 찾아갔다. 상황을 정확히 파악하고 싶었기 때문이다. 대가족을 부양하기 위하여 더 많은 추가근로를 하는 과정에서 수면부족이 불러온 사고라는 가슴 아픈 이야기를 들은 박태준 사장은 그 자리에서 죄책감과 해고의 불안에 고개 숙인 그 기사에게 이야기한다.

"이 일은 내가 책임진다. 대통령에게도 그렇게 보고한다. 당신은 열심히 일만 하면 된다."

신화와 같은 포항제철의 역사는 단순히 도전과 경제정책만으로 이뤄진 것은 아니다. 내부의 사람들을 움직인 포용의 리더십이 만들어낸 역사였다.

포용의 리더십은 무조건적인 용납과 방종의 리더십 행위를 의미하는 것이 아니다. 철저히 다른 장점을 가진 인적자원을 확보하는 것이고, 존중과 신뢰로 각자의 다양성을 최대한 펼치게 하는 행위이며, 실패를 격려하고 실수를 덮어주는 행동이며, 과보다는 공을 바라보려는 태도이며, 더 큰 미래를 만들기 위하여 어제의 적조차도 감화시켜, 우군을 만드는 거인의 걸음이다.

작은 리더는 오늘도 내 편이라는 성에 은거한 채, 적을 찾으러 다닌다. 결국 그의 성 밖에는 온통 적만이 넘쳐나게 된다. 반면에, 포용의 큰 리더는 오늘도 우군을 만들기 위해 성을 나서고 결국 그의 성 밖은 그를 믿고 따르는 백성으로 넘쳐 흐르게 된다.

"세종은 아무리 미천한 백성일지라도 그가 어느 분야에서 자신보다 많이 안다면 몸을 낮추어 물었다. 박연에게 물었고 장영실을 찾았으며, 정인지에게 기대었다."

-『대왕세종』, 백기복, 크레듀

치유와 통합을 만드는 포용의 리더십

포용의 리더십은 공동의 번영, 과거보다는 미래의 희망을 지향하는 리더십이다.

1861년 4월부터 1865년 5월 23일까지 5년간 이어진 미국 남북전쟁 동안 1만여 번의 전투에서 군인 62만여 명이 전사했다. 그러나 남군이 항복한 버지니아주 애포머톡스Appomattox에는 전적비가 없다. 단지 이런 안내문만이 있다. '미합중국이 다시 합쳐진 곳, 가장 위대한 드라마가 만들어진 곳' 바로 이것이 링컨의 정신이었고 오늘날의 세계 초일류 국가인 미국을 만든 정신의 시작이었다. 그것은 다양성에 기반한 포용의 리더십이었다.

"누구에게도 원한을 갖지 않고, 모든 이를 사랑하는 마음으로, 신께서 우리에게 보게 하신 그 정의로움에 대한 굳은 확신을 가지고 우리는 지금 우리가 당면한 일을 끝내기 위해, 이 나라의 상처를 꿰매기 위해, 이 싸움의 짐을 져야 하는 사람과 그 미망인과 고아가 된 아이를 돌보고 우리들 사이의, 그리고 모든 나라들과의 정의롭고 영원한 평화를 이루는 데 도움이 될 일을 다하기 위해 매진합시다.

With malice toward none: with charity for all: with
firmness in the right, as God gives us to see the right, let us
strive on to finish the work we are in: to bind up the nation's
wounds: to care for him who shall have borne the battle, and
for his widow, and his orphan-to do all which may achieve
and cherish a just and lasting peace among ourselves, and
with all nations."

-링컨의 2번째 취임연설문이자 마지막 연설문

링컨의 치유와 포용의 정책은 휘하의 장군에게도 이어졌다. 버지
니아주 애포머톡스 항복조인식장에서 항복한 남부연합의 리 장군
은 북군의 그랜트 장군에게 물었다.

"이제 우리가 무엇을 수용하면 되겠오?"

그랜트 장군이 답변을 한다.

"우리가 원하는 것은 오직 하나뿐입니다. 리 장군님과 모든 남군의
병사들은 지금부터 신속히 고향으로 돌아가 자유를 누리면서 행복
하게 지내시기 바랍니다. 말을 가지고 있는 장병들은 말을 타고 가

십시오. 말이 없는 장병들은 걸어가시기 바랍니다."

가혹한 패전의 책임을 상상하던 남군의 군인들에게 그의 답변은 진한 감동이었다.

리 장군은 관용을 베푸는 그랜트 장군에게 한가지 부탁을 한다.

"그랜트 장군님, 지금 남군 장병들은 몇 끼를 굶었습니다. 도와 주시기 바랍니다."

관용을 베푸는 승리한 장군이나 부하를 배려하는 패전의 장군이나 명장으로 존재하는 순간이었다. 그랜트 장군은 즉시 부하에게 지시하여 2만 5천명 분의 식량을 굶주린 남군 장병들에게 나누어 주도록 했다.

항복조인식이 마무리되는 광경을 보고 그랜트 부하들이 환호하자, 그랜트는 준엄하게 꾸짖는다.

"그들도 이제 우리 동포다. 그들의 패배에 환호해서는 안 된다."

훗날 그랜트는 애포톡스 항복조인식은 종전수습을 위한 의식이 아니라, 화해와 국민통합의 시작점으로 여겼다고 회고록에서 서술한다.

그랜트 장군은 1868년 제18대 대통령에 당선되었다. 그랜트는 링컨 대통령이 추구하고자 했던 남부 포용정책을 적극적으로 실천하였다. 북부 공화당 급진파의 반대에도 불구하고 남부 '전범자'에 대한 대대적인 사면을 통해 국민통합을 모색하였다.

오늘날 초강대국 미국으로 거듭날 수 있었던 것은 역사의 기로에서 다양성과 관용의 원칙을 실천한 링컨과 그랜트 같은 포용의 리더들이 존재하였기 때문이다.

리더의 그릇으로서 관용과 포용의 관계역동성은 징비록懲毖錄에서도 원균과 이순신의 비교를 통하여 설명을 하고 있다.

> "한산도에 도착한 원균은 이순신이 시행한 제도를 모두 바꾸고, 이순신이 신임하던 장수와 병사들 또한 모두 쫓아냈다. 이순신이 한산도에 머무르고 있을 때 운주당이라는 집을 지었다. 그는 그곳에서 장수들과 함께 밤낮을 가리지 않고 전투를 연구하면서 지냈는데, 아무리 졸병이라 하여도 군사에 관한 내용이라면 언제든지 자유롭게 말할 수 있게 했다."
>
> -『징비록』, 유성룡, 서해문집

개인과 집단은 다양성을 통하여 힘의 원천을 만들고 수용과 실천을 통하여 성장을 한다. 그러나 다양성이 차별과 폐쇄로 바뀌고 관용의 정신이 보복과 편가르기의 감정적 광기로 바뀌는 순간, 개인과 집단의 성장은 분열과 소멸의 내리막으로 치닫기 시작한다.

1722년 경종 3년에 실권을 장악한 소론은 노론을 척결하기 위하여 임인옥사壬寅獄事를 일으킨다. 임인옥사의 대상자로 거론된 역적 명부 임인옥안壬寅獄案에 경종의 이복동생인 연잉군영조가 거론된다. 후에 왕에 오른 영조는 정치보복을 금하며 탕평책을 펼치고자 하였으나 과거의 임인옥안의 분노에서 벗어나지를 못하였다. 결국 영조의 탕평책의 한계는 사도세자의 비극을 초래하였다. 이에 대하여 이덕일은 『성공한 개혁, 실패한 개혁』(마리서사)에서 영조가 과거사에 쏟은 정력을 미래에 쏟았다면 조선의 역사는 크게 달라질 수 있었고, 그 역시 훨씬 더 훌륭한 임금이 될 수 있었을 것이다 라고 말한다. 아울러 그는 과거사 정리는 사회의 갈등을 조정하고 통합하는 방향으로 나아갈 때 성공하지만 그 반대의 방향으로 나아갈 때는 실패할 수 밖에 없다며 과거사 정리의 가장 큰 원칙은 화해와 통합을 위한 과정이 되어야 한다고 말한다.

인간의 본성은 증오와 보복을 향하여 움직이도록 회로화되어 있다. 리더십은 본성을 극복하는 의지적 행위이다. 인류의 역사는 경쟁세력과 경쟁세력의 과거를 무질서라고 규정한 가운데 무질서에 대한 정리와 보복이 이뤄지면 이상적인 질서만이 남을 것이라는 유토피아적 오판으로 점철된 시간의 기록이다.

히틀러, 일본제국주의, 스탈린, 김일성, 쿠메르루주, 보스니아의 비극, IS세력이 그 증거며, 그 외의 작은 범위에서 오늘도 진행되고 있는 자기중심의 질서와 정의에 몰입된 참혹함은 이상적 질서의 상상이 만드는 인류비극의 증거들이다.

통합과 화합은 용기를 가진 사회가 누리는 복이다. 용기는 인간의 본성을 뛰어넘을 수 있는 의지와 행동이다. 역사의 진정한 승자는 용서할 힘을 가진 자이고 용서를 선포할 기회를 가진 자이다. 그들이 로마였고 그들이 알렉산더 제국이었고 그가 링컨이었다.

포용의 리더십은 고통을 넘어 새로운 희망을 만들고 실수와 실패를 넘어 더 큰 도약의 기회를 제공하는 리더십이다.

단점을 발견하기는 쉽지만 장점을 발견하기는 어려운 인간의 본성과 태도를 넘어 구성원 전체의 자발적 추종과 신뢰를 창출하는 리더십행동이다. 포용의 리더십은 미래의 힘을 만들지만 용기가 필요한 리더십행위이다. 진정한 의미의 용서와 솔선수범이 선행되는 행동이기 때문이다. 진정한 용서와 수용은 성숙한 영성을 가진 인격들이 만들어내는 높은 수준의 가치이다.

"만일 역사적 기억을 회복하려고 했다면 잿 속에서 꺼지지 않은 채이글거리던 과거의 원한이라는 불씨를 다시 헤집어 냈을 것이다."

-스페인 펠리페 곤잘레스 총리, 스페인 내전의 상체에 대한 평가

인류가 지속되는 한, 인간의 본성은 반복이 될 것이고 끝없는 역사는 인간의 유토피아적 오만의 역사를 기록하게 될 것이다.

"나는 20세기에 일어난 전쟁에 관한 총 7권의 책을 쓰면서 몇 가지 결론을 얻을 수 있었다. 되풀이되는 것은 역사가 아니라 인간의 본성이다."

-John Toland, 전쟁다큐멘터리 작가

그럼에도 불구하고 인간으로서의 자부심과 평화라는 질서를 회복하게 만드는 것은 성숙한 영성을 지닌 포용의 리더십이 출현하기 때문이다.

용으로 비상할 것인가?
이무기로 추락할 것인가?

옛날 전설에 이무기와 관련된 이야기가 많이 존재한다. 이무기는 어떤 모습일까?

언젠가 불국사에서 문화해설을 하시던 분이 불국사 대웅전 옆의 목어를 가르키며 "저것이 이무기입니다." 했던 기억이 있다. 이무기는 용의 머리에 잉어의 꼬리를 하고 있었다. 그 형상에는 이무기가 품고 있는 본질이 표현되어 있었다.

이무기는 용이 못된 존재이다. 용을 꿈꾸지만 용의 문턱에서 좌절한 존재들의 상징이다. 욕망이 격류를 치는 권력과 돈의 주변에는 이무기들이 많다. 갈망하지만 문턱에서 좌절하고 한을 품은 자들이 이무기이다. 용을 꿈꾸지만 잉어꼬리로 인하여 승천하지 못하는 존재들. 분노와 좌절, 상대적 박탈감이 많은 시대에는 세상이라는 물속이 이무기들로 넘쳐난다.

이무기로 추락한 리더들에게는 공통점이 있다. 그들은 한恨과 콤플렉스를 추진력으로 사용하여 등용문의 문턱까지 올라온다. 그러나 한恨의 병적인 집착과 한풀이 소진이라는 용의 비상을 방해하는 물고기 꼬릿짓으로 인하여, 결국은 이무기로 마침표를 찍게 된다.

·광해군: 선조의 서자로 태어나 임진왜란을 맞이하여 분조를 차려 왜
란을 수습하는 등, 능력을 발휘하였지만 왕위에 올랐지만 지나친 궁
궐복원 집착으로 인한 재정파탄과 임해군 옥사를 비롯한 수많은 옥
사, 인목대비 폐비 등으로 인심으로 잃고 인조반정으로 폐위.

·연산군: 성종의 장자로서 폐비윤씨의 소생으로서 폐비윤씨 사건의 영
향으로 잔인한 무오, 갑자의 옥사진행과 패륜행위, 쾌락집착 등으로
인심을 잃어 중종반정으로 폐위.

·히틀러: 어린 시절 어머니가 유태인 의사 실수로 죽고, 1차세계 대전의
독일패전 전후로 유태인들이 독일 경제와 언론의 절대적 파워를 갖는
상황에서, 유태인에 대한 반감을 가진 히틀러는 잔인한 유태인학살이
포함된 2차세계대전을 일으켰으나 패하여 자살.

한恨과 분노는 도약의 에너지가 될 수가 있다. 그러나 용의 문은
냉정하게 새로운 에너지를 요구한다.

스스로 과거의 에너지원을 과감히 제때에 버리지 못한다면 다음
단계가 원하는 추진력을 얻지 못한 채 추락하게 된다.

일반적으로 우주로켓은 2단에서 5단까지의 분리 시스템을 가지고 있다. 거침없는 이륙의 에너지, 그리고 우주를 향한 1차 로켓의 분리와 순차적인 다음단계 로켓추력의 사용과 버림의 반복 속에서 로켓은 용이 되어 우주를 향해 날아간다.

한과 분노는 이무기를 위한 에너지원이지, 용의 에너지원은 아니다. 한과 분노를 품었음에도 용이 된 리더들이 보여주는 특징은 세 가지이다. 그것은 조절, 승화, 포용이다.

자기 조절력을 가진 리더들은 과거의 경험에 기반한 한을 품고 있지만 스스로 자기 조절을 한다. 그들은 용이 되기 전까지는 한의 발톱을 드러내지 않는다. 그 발톱조차도 이성적이고 합리적인 방법을 통하여 사용한다.

둘째로 승화이다. 그들은 자신이 확보한 힘을 자신이나 자기진영의 한풀이를 위한 수단으로 사용하지 않는다. 대신에 그 에너지를 생산적이고 미래지향적인 상태로 승화시킨다.

마지막이 포용이다. 이무기를 넘어 용이 된 리더들은 용이 구름을 품고 날듯이 포용으로서 자신의 비상을 돕는 세상의 신뢰라는 기반을 만든다.

·정조대왕: 아버지인 사도세자의 죽음을 어린 나이에 겪었음에도 불구하고 학문과 문화를 중흥시켰으며 부강한 국가를 만들어 조선의 마지막 부흥을 이끌었다.

·엘리자베스 1세: 3살 되던 해, 생모 앤볼린의 런던탑 투옥과 참수, 이복 언니 메리 1세의 핍박을 겪으며 자랐으나 여왕에 즉위 후 보복보다는 포용과 미래지향의 리더십으로 해가 지지 않는 대영제국을 건설하였다.

·징기스칸: 적에게 납치된 아내 버르테가 적장의 아이 '조치'를 낳았지만 적장의 아들을 자신의 아들로 받아들이고 그와 함께 몽골제국을 건설하였다.

·김대중 대통령: 유신시절 박정희 정권의 납치 등 탄압을 받았지만 대통령 취임 후 보복보다는 포용으로 박정희의 공과를 평가하며 박정희 기념관 건립을 약속하는 등 포용의 정치로 국민의 단합을 이끌어내어 IMF사태를 성공적으로 극복하였다.

자기조절, 승화, 포용은 이무기가 용이 되기 위하여 거치는 등용문이다.

우리말로 용은 미르다. 미르는 마음속에 품은 뜻, 곧 미래를 의미한다. 이무기는 과거의 한 속에서 살지만 용은 미래의 큰 뜻을 품고 살아간다. 한으로 뭉친 이무기가 바글거리는 사회에 미래라는 용은 없다.

한을 사용 할 줄 알되, 그 한에 잡아 먹히지 말자. 그것을 조절하고 승화시키며 포용하는 용이 되자. 용은 개천에서 나오지 않는다. 자기조절, 승화와 포용의 실천 속에서 세상의 신뢰라는 구름을 타고 용은 날아오른다.

우리는 이무기를 넘어 용이 되고 있는가? 아니면 그저 용을 꿈꾸는 이무기인가? 용이 될 것인지 이무기로 추락할 것인지는 선택의 문제이다.

다른 것과 틀린 것의 사이에서 방황하는 시대

사람들은 너무도 늦게 다르다는 것이, 틀린 것이 아니라는 것을 깨닫는다. 그나마 깨달으면 다행이다. 그 조차 깨닫지 못하고 가는 사람이 태반이다.

한 사회의 성숙도를 보려면 토론문화를 살펴보면 된다. 성숙한 사회의 토론에는 낭만이 있다. 그들은 나와 다른 상황을 즐긴다. 성숙한 사람들의 토론은 틀린 것을 찾아내려는 논쟁이 아니라 다른 것을 표현하고 교류하는 소통의 장으로서 토론이 존재한다. 그 과정을 통하여 서로 다른 인식의 기회를 얻고 그 과정을 통하여 서로 성장한다는 것을 그들은 안다.

"다른 사람의 종교에 대해 논쟁하지 말고, 그들의 시각을 존중하라. 그리고 그들 역시 너의 시각을 존중하게 하라."

-쇼니 족 추장 테쿰세가 죽기 전에 남긴 연설 중에서

〈나는 왜 너가 아니고 나인가〉시애틀 추장, 류시화 옮김, 정신세계사

반면에 미숙한 사회의 토론은 표현이 아니라 주장으로서 존재한다. 교류가 아니라 파괴를 위하여 그들은 토론을 한다. 상호간의 성장을 위하여 토론을 하는 것이 아니라 상대의 성장을 방해하기 위하여 토론을 한다. 이성적 인식의 차이를 나누고 교류하는 토론이 아니라 감정을 포장한 이성의 대리전이요 논쟁의 장으로서 토론이 존재한다.

성숙한 사회에는 다름의 교류를 통하여 협력과 경쟁이 만들어내는 집단지성collective intelligence이 축적된다. 반면에 미숙한 사회에는 패거리와 편가르기에 근거한 획일적 방향의 집단사고group think만이 존재한다. 그런 사회에는 다양한 개성이 만드는 활기가 사라지고 집단의 감정과 유행이 지배를 한다.

미숙한 사회일수록 다르게 말하면 신상이 털리고 악플이 달린다. 무거운 침묵과 처세적 동조가 사회를 지배한다. 다름을 받아들이지 못하는 사회는 폐쇄적 사회화로 인하여 성장의 기회를 놓치게 된다. 같음이 강요되고 같음을 추구하는 편협성 사회의 비생산적 소모비용은 계산조차 할 수가 없다.

"다른 사람을 비난하는 우리는 누구입니까? 우리는 어떤 사람이 잘 못하는 것을 알 수 있어도 그 사람이 왜 그런 짓을 하는지는 모릅니다. 예수님은 아무도 판단하지 말라고 하셨습니다. 우리가 비난하는 사람이 바로 우리 형제 자매라는 사실을 잊지 맙시다."

-마더 테레사

똑같이 좋은 대학을 가야 하고 똑같이 대기업을 가야 하고 똑같이 공무원이 되어야 한다는 동질적 집단 사고는 한정된 사회자본의 쏠림 현상을 유발하여 분배의 갈등을 초래한다.

편중된 욕구를 가진 대중이 시민권자인 사회에서 정치는 사회의 미래보다는 시민권자의 표를 의식하기 바쁘다. 대중도 지도자도 보다 균형 잡힌 미래를 추구할 수가 없게 된다.

다른 것은 아름답다. 다르기에 우리는 사랑을 시작한다. 그러나 점점 그 다름이 가까이 올수록 인간은 틀림을 보려고 한다. 그래서 사랑은 서서히 길을 잃는다.

모든 생명은 그 자체로서 합리적인 존재이다. 합리적 세계의 완성은 우주를 구성하고 있는 개개 존재의 합리성을 이해하고 수용하여 상식화될 때 비로소 가능하다.

"행동이 주관적으로 합리적이냐 아니냐 하는 것은 행동인의 자기 이해self-understanding에 달렸다. 자기의 미래행동을 수단, 목적의 맥락에서 생각하고 분명히 이해한 목적에 적합하다고 믿는 수단을 선택하는 한, 그의 행동은 그 수단이 사실로 어떤 것이든 주관적으로 합리적이다."

-막스 베버(Max Weber, 1864~1920년)

모든 생명에 우주가 내재화되어 있고 우주는 하나의 꽃이라는 말은 모든 생명체의 절대적 합리성, 절대적 가치를 의미한다.

"어떤 잡지에서 나를 보고 '살아있는 성인'이라고 했다네요. 누군가 나를 통해 하느님을 본다는 것은 행복한 일이지요. 나는 모든 사람, 특히 고통받는 사람 안에서 하느님을 봅니다."

-마더 테레사

타인의 눈을 통하여 합리성을 구걸하지 마라. 영혼의 걸인으로 태어난 생명은 없다. 나의 눈을 통하여 타인의 다름을 평가하지 마라. 타인의 오롯한 영혼을 파괴하는 자로 태어난 생명은 없다. 오직 다름으로서 아름다운 중심으로서 걸어가라.

다름이 꽃피는 사회의 개인들은 유행trend의 노예가 아니라 자기 브랜드brand의 창조자로서 살아간다.

> "우리가 원하는 것은 우리 자신이 되는 일이지 당신들처럼 되는 일
> 이 아니다. 우리가 원하는 것은 당신들의 자유, 당신들의 깨달음이 아
> 니라, 우리 자신의 자유와 우리 자신의 깨달음이다."
>
> ─『나는 왜 너가 아니고 나인가』, 시애틀 추장, 류시화 옮김, 정신세계사

신뢰가 미래의 자산이다

신뢰라는 사회적 자본social capital이 물적 자본을 넘어 자본의 중심을 차지하는 시대이다.

정치사회학자인 푸트남Robert David Putnam은 사회적 자본을 상호이익을 증진시키기 위한 조정과 협력을 촉진시키는 네트워크, 규범 그리고 사회적 신뢰와 같은 사회조직의 특징이라고 정의하면서 사회

적 자본의 핵심요소를 신뢰라고 주장한다.

신뢰는 상대에 대한 긍정적 신념 상태로서 내재되어 있는 평가가치를 의미한다. 반면에 신용은 신뢰가 축적되어 현실 속에서 거래적 가치로 변환되고 외현화된 실용가치를 의미한다.

현대 자본주의의 발전과 부의 팽창 원인을 『사피엔스』(김영사)를 쓴 유발 하라리는 미래에 대한 신용에서 찾고 있다. 그는 책에서 신용은 미래의 자원이 현재 자원보다 훨씬 더 풍요로울 것이라는 가정에 바탕을 둔 미래를 비용 삼아 현재를 건설하게 한다고 말한다. 그는 또한 신뢰는 신용을 창조하였고 신용은 현실경제를 성장시켰으며 성장은 미래에 대한 신뢰를 강화하고 더 많은 신용의 길을 열었다고 이야기한다.

개인과 조직의 가치는 급속도로 유형자본에서 신뢰와 같은 무형의 자본으로 이동을 하고 있다. 개인과 조직의 경쟁력과 지속성은 시장의 신뢰에 의하여 결정되는 시대를 살고 있다. 시장의 신뢰는 개인과 조직의 몸값인 브랜드가치를 만들어낸다. 역량과 품질이 궁극적 목표가 아니다. 역량과 품질은 기본일 뿐이다. 중요한 것은 어떤 신뢰를 시장으로부터 받고 있냐는 것이다.

이와 같이 신뢰가 만드는 시장의 평판이라는 힘에 대하여 로사

전Rosa Chun은 앞으로의 세상을 개인도 단체도, 그리고 국가도 평판을 전략적으로 관리하고 경영하지 않으면 살아남기 힘든 세상이라고 주장한다. 그녀는 평판에 안전지대가 없다는 것이 1990년대 이후 계속된 불확실성의 시대가 우리에게 제공한 교훈이라고 말한다. 안전지대가 없는 시대에 더 이상 대통령도, 대기업도, 권력도, 돈도, '평판' 하나로 한 순간에 무너질 수 있다고 예언한다. (『평판을 경영하라』, 로사 전, 위즈덤하우스)

신뢰는 실용자산인 신용으로 평가된다. 돈도 부동산도 없다고 비관하던 시대는 지나갔다. 무형의 자산인 신뢰라는 사회적 자본을 많이 확보한 자가 4차 산업시대의 부자이다. 부자의 척도가 변하고 있다. 조심할 것은 사회적 자본이 진정성을 상실한 채, 처세의 수단으로서만 축적된다면 다양한 소통망과 평가시스템이 존재하는 현대 사회에서 한 순간에 사라진다는 것이다.

진정성있는 신뢰관리의 실패로 인하여 하루아침에 그와 조직의 평판이 추락하고 무너지는 모습을 자주 목격하곤 한다. 사회적 자본은 축적하기는 어렵지만 잃어버리기는 쉬운 자본이다.

대표적인 사례가 회계부정으로 미국사회를 충격에 빠트린 엔론Enron이다. 엔론사는 포춘Fortune선정 6년 연속 가장 혁신적인 미국기업, 최고의 직장 100, 가장 존경 받는 글로벌 기업, 500대 기업의 화려한 영광을 두른 회사였다. 그러나 그 영광은 하루아침에 신기루처럼 사라져갔다.

신뢰의 사회적 자본축적에 있어서 중요한 원칙은 지속성Continuity 과 진정성Aauthenticity이다. 지속성은 일관된 가치행동이 장기간에 걸쳐 반복적으로 펼쳐지는 것이다. 감동을 낳는 좋은 말은 잠꼬대 속에서도 만들어지지만 신뢰를 낳는 좋은 행동은 오랜 기간에 걸쳐 보여준 행동에서 만들어진다. 신뢰공학보다는 정치공학이 중심인 시대에 말은 넘쳐도 신뢰는 메말라 간다.

자신의 도리와 책임보다는 이익과 권리가 우선시되는 시대에 어제의 말이 내일도 그의 행동으로 이어져가는 사람을 만나기가 갈수록 어려운 시대이다.

두 번째가 진정성Authencity이다. 내면의 가치와 행동이 일치되어 일관되어질 때 그 행동은 진정성을 인정받는다.

"진정성은 자신의 가치와 일치되게 행동하며 자신의 실제적 모습으로 존재하는 것을 의미한다."

-Erikson, 1959: Maslow, 1976

청문회 자리에 장관 후보로 앉은 인물 중에서 상식적으로 용납할 수준의 표리부동한 인물을 만나기가 쉽지 않다. 부끄러움에 고개 숙인 채, 권위를 잃고 완장 차고 걸어가는 가난한 권력의 뒷 모습을 쳐다만 봐야 하는 불행한 시대 속에 우리가 있다.

그저 국민은 답답함에 기대를 내려놓고 살아간다.

"그 놈이 그 놈 이제."

신뢰와 신용이 사회활동의 핵심인 시대, 의도된 신뢰를 얻기 위하여 조작된 신뢰행동들이 넘쳐흐른다. 목적을 위하여 웃음을 파는 저급의 행동은 오래 가지 않는다. 그리고 세상은 다 알고 있다. 웃음을 파는 그 만이 모를 뿐. 무서운 평판의 세상을 우리는 걸어가고 있다.

> "물리적 세상에서는 당신에 대한 평판이 일정 지역으로 제한되어 있지만 디지털 세상에서는 다양한 페르소나를 지닌 아바타들이 평판을 보유한다."
>
> -『블록체인 혁명』, 돈 탭스콧 외. 을유문화사

4차 산업시대가 깊어갈수록 융합의 전제로서 신뢰는 중시될 것이고 상호간의 진정성에서 출발한 신뢰만이 지속적 신뢰로서의 가치를 확보하게 된다.

"진성리더는 사명을 혼자의 힘으로 구현 할 수 없다는 것을 누구보다도 잘 알고 있다. 이들은 구성원들을 존재론적으로 대우해 나를 넘어 우리라는 공동체의 사회적 자본을 만들어간다. 존재론적으로 대한다는 것은 상대를 나와 똑같은 열망을 가진 사람으로 즉, 성장의 파트너로 생각한다는 것이다."

-『진성리더십』, 윤정구, 라온북스

4차 산업시대의 신뢰 패러다임 -블록체인

2017년 후반 대한민국에는 비트코인 광풍이 불었다. 정확히 말하면 암호화폐이다. 비트코인은 암호화폐의 원조이고 대표적 위치를 점하고 있는 암호화폐의 일종이다. 중요한 것은 암호화폐가 아니다. 암호화폐를 가능하게 한 새로운 기술 패러다임이다. 그것이 블록체인Block chain이다.

2008년 세계금융위기의 시점에 나카모토 사토시Nakamoto Satoshi라는 익명의 존재에 의하여 비트 코인Bit Coin이라는 암호화폐를 통한 P2P결제시스템이 출현하였다. 새로운 신뢰 프로토콜인 분산원장이라고도 불리는 블록체인의 등장에 IT 벤처업계 거물인 마크 안드레센은 인터넷이 항상 갈구해왔지만 한 번도 경험한 적 없는 분산형 신뢰 네트워크가 우리 앞에 등장한 거라며, 그의 정체가 무엇이든 노벨상을 받기에 충분하다고 격찬을 하였다고 한다.

블록체인의 기술과 패러다임에 기반한 암호화폐는 4차 산업시대를 넘어 새로운 세상의 가능성으로 다가서고 있다. 아쉽게도 혁명적 기술이요 패러다임인 블록체인의 가치가 아니라 이를 바탕으로 한 암호화폐의 자산으로서의 가치에만 몰입을 한 투기세력과 저항세력이 블록체인의 가치를 훼손하고 있다. 어쨌든 인류는 새로운 패러다임이 지배하는 4차 산업시대를 향하여 걸어가고 있다.

4차 산업시대에 필요한 가장 중요한 가치는 상호소통과 융합에 의한 신뢰망을 구축하는 것이다. 직접적 접촉의 빈도는 줄어들겠지만 신뢰를 확보하기 위한 사이버상의 접촉과 신뢰에 대한 명확한 담보를 요구하게 된다.

"인터넷에서 가장 크게 간과되는 요소는 '신뢰 프로토콜'이었다. 신뢰 프로토콜이란 거래가 검증되고, 진실하다는 것을 알 수 있는 방법이다. 블록체인 기술은 이런 수단의 근간을 제공한다."

-월터 아이작슨

블록체인은 재화의 거래를 기록한 사이버상의 장부다. 공공 거래장부Public Ledger라고도 하는 분산원장Distributed Ledger이다. 풀어서 표현하면 참여자 공동확인거래장부라고 할 수 있다. 상호간의 거래가 발생하면 거래내역이라는 블록Block이 형성된다.

거래 네트워크에 연결된 모든 사람들에게 특정거래내역인 블록Block이 전송되고 새로운 거래내역인 블록은 검증을 통하여 네트워크상의 모든 컴퓨터에 기존의 블록에 이어서 체인처럼 연결되어 차곡차곡 쌓이게 된다. 이것이 공공거래장부가 만들어지는 블록체인Block Chain이다.

거래사실에 대한 공동저장, 상호보증이 자동으로 일어나게 되는 것이다. 물론 거래에 참여한 사람은 컴퓨터상의 그 거래를 직접 확인하고 관리하는 것이 아니다. 자신이 소유한 컴퓨터 시스템이 상호소통을 통하여 상호 신뢰와 저장, 보증의 역할을 수행한다.

흡사, 조선시대 왕조실록을 보존하기 위하여 전국 오지에 만들어졌던 사고와 같다. 그러나 조선시대 사고는 모든 곳의 사고를 불사르면 없어지지만 블록체인상의 기록은 모든 사람의 기록을 일일이 해킹하여 조작하지 않는 한 전체의 변조나 해킹이 불가능하다.

암호화폐에서 블록Block이라는 거래상호공증장부는 마이닝Mimining이라는 가상화폐 채굴과정을 통하여 제공된다. 비트코인의 경우 최근 10분간에 쌓인 전세계 비트코인의 거래내역을 검증하고 암호화하여 저장하는 컴퓨터의 연산활동과 그에 따른 보상으로 일정량의 비트코인을 받는 과정을 비트코인 채굴이라고 한다.

블록체인 패러다임의 핵심가치는 탈중앙화Decentralized이다. 기존의 세상을 이끌어 온 패러다임은 권위를 독점한 중앙에 대한 신뢰를 기반으로 정치가 발생하고 금융거래가 일어났다. 블록체인은 신뢰의 원천을 중앙의 권위에서 찾는 것이 아니라 구성원 상호간의 소통 속에서 찾는다.

"블록체인은 국가에게 기회와 도전의 과제를 함께 제시한다. 어떤 중앙은행에 의해서도 규제되지 않고 감독 받지 않기 때문에 통화정책에 대한 국가의 지배력이 감소함을 의미한다."

-『클라우스 슈밥의 제4차 산업혁명』, 클라우스 슈밥, 새로운현재

기존의 정치경제사회의 패러다임을 근본적으로 뒤집어 놓고 있다. 블록체인 패러다임은 코페루니쿠스 혁명 이상의 인류패러다임 혁명이다.

상호 존중과 신뢰의 본질을 추구하는 관계역동성이 블록체인 패러다임의 핵심가치이다. 권위적 정부, 독재정부, 공산주의 정부, 기존의 금융자본가들이 가장 두려워하는 패러다임이 블록체인이다. 가치를 틀어쥐고 행사하던 빅부라더Big Brother의 종말이 블록체인 패러다임이다. 빅부라더는 사라지고 오직 평등한 형제Equal Brother에 의하여 신뢰의 가치, 판단의 가치가 움직이는 패러다임 세계이다. 그러나 반발하고 부정한들 세상의 댐을 무너트릴 물길은 댐을 통과하여 이미 흐르고 있다.

마크 앤드레센은 〈워싱턴 포스트〉와의 인터뷰에서 이렇게 말했다. "20년 후에 사람들은 지금 인터넷 이야기를 하고 있는 것처럼 블록체인 이야기를 하고 있을 것입니다."

-『블록체인 혁명』, 돈 탭스콧 외. 을유문화사

상호 신뢰와 존중의 관계역동성 시대가 블록체인의 말을 타고 달려 오고 있다. 블록체인의 패러다임은 앞으로의 세상이 어떻게 펼쳐질지 보여주고 있다. 가치를 결정하는 신뢰가 중앙의 권력이나 권위에서 나오는 것이 아니라 개개 구성원의 참여와 합의 속에서 창출되는 시대가 4차 산업시대이다. 더 이상 규모나 절대권위로서 미래의 번창, 미래의 신용을 담보할 수는 없다. 권위를 바탕으로 대중에게 신뢰라는 가치를 제공한 대가로 성장하여 온 기존의 권위적 조직에게 미래는 위협이고 새로운 도전이다. 4차 산업시대는 신뢰를 제공하는 권위의 원천이 대중 속에 있기 때문이다.

4차 산업시대가 무르익어 갈수록 관계된 대중으로부터의 신뢰자산을 확보하지 못한 조직과 개인에게 미래는 추락과 종말의 이름으로 다가온다.

상호 존중과 신뢰가 만드는 신뢰라는 사회적 자본은 새로운 시대의 재화이다. 이는 비트코인을 능가하는 사회적 코인Social coin이 될 것이다.

완전한 통일의 핵심가치 -No Side

반목하던 사람들도 밥상 앞에서는 평화롭듯이 통일이란 말 앞에서 대한민국은 누구나 진지했고 뜨거웠다. 언젠가 통일이 될 것이다. 그것은 내일이 될 수도 있다. 그러나 통일자체가 모든 문제의 끝은 아니다. 통일은 그 순간부터 더 큰 숙제를 우리에게 제공한다. 전혀 경험하지 못했던 낯선 숙제를 던져준다. 아무리 많은 재화라도 그 재화를 받을만한 그릇이 아닌 사람이 받으면 재앙이 되듯이 통일도 그것을 감당할 만한 그릇을 준비하지 못한 민족에게는 불행이 될 수 있다.

독일 연방정부의 2010년 『독일통일백서 2010』에서 '통일 후 20년 동안을 돌이켜 볼 때 많은 비판과 회의가 있을 수 있으나 통일의 부정적 측면보다는 긍정적 측면이 극명하게 돋보인다는 점을 잊어서는 안 될 것이다'라고 결론을 내린다. 독일통일백서의 결론에서 우리는 통일을 완성하여가는 과정이 통일을 꿈꾸는 과정보다 어려운 시간이었음을 유추할 수가 있다.

가장 위험한 통일논의가 감상적 통일논의이다. 감상적 상상에 눈물 글썽거리는 감상적 통일은 거친 통일 이후의 현실 앞에서 한낱 춘사월에 흩뿌리는 눈처럼 흔적도 없이 사라지고 말 것이다.

통일은 이질적인 상황, 자발적 희생의 제공, 자발적 분배의 참여 등이 수반되는 지난한 역사의 분해와 건설의 시간이다. 진정한 통일은 단순한 지리적 통일의 차원이 아니다.

통일을 갈망하면서 항상 우리가 염두에 두어야 할 일은 우리가 과연 차별없이 겸손하게 북한의 동포를 포용할 준비가 되어 있는 가이다.

동독과 서독의 국민들이 통일이 선언되는 순간 외친 '우리는 한 민족이다Wir sind ein Volk'란 말이 통일의 완성을 만들어가는 과정에서 가장 큰 힘이 되었다고 한다.

지리적 통일을 넘어 진정한 동포애로 결합한 정서적 통일을 위하여 필요한 가치가 관계역동성이다. 노 사이드No side의 관계역동성이다. 결코 차별하지 않는 동포로서 접근하는 존중과 포용의 관계역동성이다. 지금부터라도 우리 사회가 차별과 분열의 가치를 벗어나 존중과 통합의 가치를 훈련해야만 한다.

내부조차도 통합을 못하고 내부의 경쟁자조차 포용하지 못하면서 아름다운 통일을 외치는 것은 걱정스럽고 개탄스러운 일이다.

진정으로 당신이 꿈꾸는 통일이 무엇인가에 우리는 선동적이고 정치적인 감상주의자들의 통일이 아니라 이성적이고 현실에 바탕을 둔 과정론자들의 높은 성숙성으로 답을 해야만 한다. '우리가 꿈꾸는 통일은 존중과 포용의 노 사이드no side통일입니다'라고 답해야만 한다.

세계는 하나의 꽃이다(世界一花)

만공 선사 법문

세계는 한 송이 꽃.
너와 내가 둘이 아니요,
산천초목이 둘이 아니
이 나라 저 나라가 둘이 아니요,
이 세상 모든 것이 한 송이 꽃.

어리석은 자들은
온 세상이 한 송이 꽃인 줄을 모르고 있어.
그래서 나와 너를 구분하고,
내 것과 네 것을 분별하고,
적과 동지를 구별하고,
다투고 빼앗고, 죽이고 있다.
허나 지혜로운 눈으로 세상을 보아라.
흙이 있어야 풀이 있고,
풀이 있어야 짐승이 있고,
네가 있어야 내가 있고,
내가 있어야 네가 있는 법.
남편이 있어야 아내가 있고,

아내가 있어야 남편이 있고,
부모가 있어야 자식이 있고,
자식이 있어야 부모가 있는 법.

남편이 편해야 아내가 편하고,
아내가 편해야 남편이 편한 법.
남편과 아내도 한 송이 꽃이요,
부모와 자식도 한 송이 꽃이요,
이웃과 이웃도 한 송이 꽃이요,
나라와 나라도 한 송이 꽃이거늘,
이 세상 모든 것이 한 송이 꽃이라는
이 생각을 바로 지니면 세상은 편한 것이요,

세상은 한 송이 꽃이 아니라고 그릇되게 생각하면
세상은 늘 시비하고 다투고 피 흘리고
빼앗고 죽이는 아수라장이 될 것이니라.
그래서 世界一花의 참 뜻을 펴려면
지렁이 한 마리도 부처로 보고,
참새 한 마리도 부처로 보고,
심지어 저 미웠던 원수들마저도 부처로 봐야 할 것이요,
다른 교를 믿는 사람들도 부처로 봐야 할 것이니,
그리하면 세상 모두가 편안할 것이니라.

"나는 날마다, 모든 면에서, 점점 더 좋아지고 있다.

(Day by day , in Everyway, I am getting better and better.)"

-에밀 쿠에

관계역동성은 모든 생명의 본질에 대한 동질성의 인식을 바탕으로 존중하고 포용하여 신뢰의 상태를 조성하는 활동이다. 관계역동성은 분별과 차별이 만드는 갈등을 제거하는 성숙한 인간들의 가치이다. 수시로 다음과 같이 관계역동성의 자기 암시를 암송하거나 자신에게 이야기하여 보자! 무의식은 의식을 받아들일 뿐이다.

"나의 매일매일은 모든 생명과 이웃들에 대한 따뜻한 포용의 눈빛이 함께하고 있다. 내가 가는 모든 곳에 온기와 평화가 넘쳐흐른다."

위의 자기 암시든 자신이 만든 자기 암시든 메시지를 말할 때 밝고 힘찬 빛을 상상하며 하라. 그리고 수시로 주문처럼, 기도문처럼 조용히 중얼거려보자. 그 기적의 열매는 자신의 몫이다.

어떤 국가가 많고 큰 위험을 넘긴 후

장기간에 걸친 번영의 영향하에서

생활은 더 사치스러워진다.

그리고 허세와 무절제한 방종이 확산됨에 따라

전반적인 퇴보의 시대로 변해간다.

이 변화의 주역은 대중인데 그들은 광분하여 날뛰고

그들의 논의는 항상 격정에 의해 좌지우지된다.

그 결과 이들은 이제 더 이상 지도자의 말에

복종하려 하지 않고 심지어 자신들만을 위해 전부,

아니면 최대의 몫을 요구하려 한다.

-폴리비우스, 로마흥망의 교훈, 신한종합연구소

지금 우리는 찬바람 부는 역사의 준령을 걸어가고 있다. 고개 너머는 한 번도 안 가본 초불확실성의 시대이다. 배부르지만 내일의 방향을 잃어버린 시대를 살고 있다. 그리스의 역사가 폴리비우스가 이야기한 공화정 말기의 쇠퇴해 가는 로마의 모습은 대한민국의 현재를 설명하는 것만 같아서 놀랍고 무섭기조차 하다.

성장의 환희를 넘어 민주화의 길에 들어선 대한민국의 내부적 상황은 외부에서 보는 부러움이나 걱정 이상으로 심각하다. 경쟁하듯이 뒤쳐질 두려움에 달려가지만 건강성이 상실된 광적인 질주가 지배하는 시대이다. 지금 우리는 성장의 배부름을 가졌지만 성숙의 가치를 가지지 못한 방황의 시대를 걸어가고 있다.

지금의 우리에게 필요한 시대적 과제는 천박의 시대를 넘어 성숙의 가치를 가진 진정한 번영을 어떻게 완수할 것인가이다. 누구나 번영을 추구하지만 번영의 역사는 아무에게나 주어지지 않았다.

이러한 시점에 번영을 지속한 사람들과 역사들이 갖는 공통의 5가지 수퍼역동성을 정리하였다. 5가지 수퍼역동성의 개념은 럭비 rugby라는 스포츠에서 차용하였다. 어떻게 그들은 번영했을까? 라는 질문의 단서를 럭비가 제공하였지만 럭비를 배우자는 것도 럭비를 하자는 것도 아니다. 럭비를 하는 것과 럭비처럼 역동적으로 사는 것은 다른 차원이기 때문이다.

성장의 시대를 겨우 넘은 시점에서 갈등과 혼란의 길을 걸어 가는 대한민국의 숙제는 성숙성이다. 성숙을 품은 성장의 수퍼역동성을 각성하고 회복할 때 비로소, 대한민국은 미래를 이야기할 수 있다. 대한민국의 중심은 정치도 권력도 아니다. 결국은 개인과 조직이다. 개인과 조직이 성숙한 역동성을 추구할 때 대한민국이 성숙한 미래, 번영하는 미래로 가는 것이다.

환경역동성, 방향역동성, 실행역동성, 가치역동성, 관계역동성으로 대표되는 5개의 수퍼역동성을 잊지 말자. 5개의 수퍼역동성은 성장과 성숙을 설명하고 추구하는 역동성이다. 그래서 수퍼역동성이다. 성장은 성숙을 품고, 성숙은 성장을 품어야 한다. 성장과 성숙은 경쟁의 관계도 일방의 선도 아닌 완성을 위한 절대적 상호 필요조건이고 동반의 가치이다.

지난 시간 우리에게는 성숙의 철학이 부족했다. 오직 성장의 철학만이 지배를 하였다. 성장이 무르익는 시점에 자연스런 성숙의 가치로의 전환에서 실패를 하였다. 그것이 오늘의 혼란을 초래하였다. 그것이 우리 사회를 이기적 욕망의 귀신들이 정치, 경제에서 춤추게 하는 천박의 난장을 만들었다.

성숙한 시대는 자기희생의 가치역동성, 포용과 존중의 관계역동성이 변화를 이끈다. 성숙한 가치가 주도하는 변화는 사회를 번영으로 이끈다. 변혁의 시대적 기회와 조류 앞에서 동양 3국 중 유일하게 일본만이 1868년의 메이지 유신이 성공하여 강대국의 반열에 오를 수 있었던 것은 사무라이 집단으로 대표되는 기득권세력의 토지반납, 신분제 철폐, 평민 징병권리의 부여 등, 철저한 자기희생의 가치역동성이 혁명의 내용을 이끌었다. 또한 수습의 과정에서 승리한 혁명세력들이 패배한 막부세력들을 배척하고 척결의 대상으로 보기보다는 함께 화합하고 같이 가야 할 전략적 파트너로 판단하여 항복한 이상 복권을 시켜주고 새로운 혁명정부의 중책을 부여하는 등, 포용과 존중의 관계역동성을 실천하였다는 사실에서 메이지 유신의 성공원인을 찾아 볼 수 있다. 한마디로 내부의 성숙한 역동성 프레밍framing이 내부의 번영을 이끌었다.

그러나 내부의 성숙한 역동성 가치는 내부에서 머물렀고 외부에 대한 철저한 반 가치역동성, 반 관계역동성에 기반한 침략전략은 제국주의의 처참한 파멸을 너무도 자연스럽게 초래하였다. 일본이 메이지 유신을 통하여 보여준 내부의 단합과 발전을 이끈 성숙한 가치역동성과 관계역동성의 전략을 로마가 그랬고, 알렉산더가 그랬듯이 내부를 넘어 외부세계인 동양전체에 펼쳤더라면 역사는 새로운 판도가 펼쳐졌을 가능성이 있었다. 일본의 역동성 한계는 동양의 비극이면서도 동시에 비극의 연장을 단절시킨 동양의 축복이기도 하였다.

비약적 성장의 시대를 넘어선 지금 우리 앞에는 거센 국내외 정치 경제의 환경적 도전과 4차 산업시대의 기회가 동시에 서있다. 우리의 당면과제는 성장의 가치를 넘어 성숙의 가치를 프레밍framing하는 것이다. 아직 희망은 있다. 우리에게 성장 시대를 넘어 성숙의 시대를 선택할 수 있는 선택의 시간이 아직은 남아있다. 그러나 역사의 골든타임은 냉정하고 그리 길지가 않다.

세상 모든 사람과 조직이 자신과 세상을 번영으로 이끄는 수퍼역동성을 인식하고 실행할 수는 없다. 비록 모두가 역동적 삶을 이루지 못할지라도 중요한 것은 사회를 이끄는 오피니언 리더, 리더역할을 하는 수많은 리더, 보다 건강한 사회, 건강한 성공을 꿈꾸는 깨어 있는 사람들부터 건강한 수퍼역동성으로 무장할 때 사회의 역동적 변화는 시작된다.

『의식 혁명』의 저자인 데이비드 호킨스 박사에 의하면 세계인구의 15%만이 임계적 의식수준이 200이상이지만, 그 15%의 집단적힘에는 나머지 세계인구 85%의 부정성을 상쇄하는 무게가 있다고한다. (최고의 의식수준은 1천으로 봄, 2백의 의식수준은 변화 도전의자발성, 자신이 받은 만큼의 에너지를 사회 환원하려는 수준)

우리가 다룬 성장과 성숙을 품은 5개의 수퍼역동성은 인간 노력의 전분야에서 탁월함이 발생하며 이타주의와 사회의 모범이 되며, 의미있는 패러다임을 제공하는 특성으로서, 호킨스 박사의 기준으로 살펴보면, 에너지 5백 수준에 해당된다.

5백 수준의 의식 에너지를 가진 한 사람은 에너지수준 2백 이하에 있는 75만명의 부정성을 상쇄시키는 긍정적 영향을 끼친다고 한다. 여기에 희망이 있다.

모두가 변화할 수 없는 한계 속에서 살아가지만 한 개인의 영적 변화와 탁월성은 수많은 사람의 긍정적 변화에 영향을 끼치는 것이다. 우리가 역동성을 자각하고 삶에서 의식적으로, 실제적으로 그렇게 행동하려는 순간 세상의 모든 부정성을 상쇄하는 기적에 참여하게 되는 것이다.

세상의 건강한 변화와 번영의 희망은 모든 개인으로부터 시작된다. 이 세상에서 가장 불행한 인간은 세상의 변화만을 꿈꾸는 사람이다. 이 세상에서 가장 불행한 커플은 상대가 변하기만 바라는 커플이다. 설사 세상이 바뀌고 상대가 바뀔지라도 그때는 변화된 세상과 상대에 걸맞는 변화를 하지 못한 채 서 있는 초라한 자신을 바라보며 소스라치게 놀라게 된다.

나로부터의 변화가 중요한 것은 모든 생명은 원하든 원하지 않든 항상 영향의 중심에서 영향체로서 서있다가 사라지기 때문이다.

나의 에너지가 정화되지 않고서는 세상의 에너지가 질서를 찾을 수 없다. 탐욕과 비교 속에서 좌절과 분노가 쌓이고 어두운 영혼이 질주하는 시대일수록 건강한 역동성의 에너지를 회복하려는 노력들이 세상의 질서가 만들어지는 단초를 제공한다. 내부적으로 허약한 자는 세상의 구조를 탓하지만 자신으로서의 중심이 선 자는 자신의 구조를 성찰하고 자신의 구조를 바로 세운다. 그들의 모범이 세상의 구조를 바로 세우는 미래의 희망이 된다.

나 하나 꽃 피어

-조동화

나 하나 꽃 피어 풀밭이 달라지겠느냐고 말하지 말아라.

네가 꽃 피고 나도 꽃 피면 결국 풀밭이 온통 꽃밭이 되는 것 아니겠느냐.

5개의 수퍼역동성을 중심 삼아 살아가는 자에게 삶이란 것은 가슴 뛰는 여행일 뿐이다. 그들에게 삶이란 것 두려운 것이 아니다.

그들에게 더이상 삶은 어려운 것이 아니다. 쿵하고 바위가 앞을 막으면 돌아서 가면 될 뿐이다. 길은 많고 돌아서 가는 길도 새로운 길일 뿐이다. 때로 돌아간 그 길이 더 좋은 길일 수 있다.

성장과 성숙의 균형을 만드는 5개의 수퍼역동성이 한 개인과 사회에 뼈대로 서는 프레밍framing이 이뤄질 때 단언코 그 개인과 조직, 사회는 건강한 번영의 역사를 만들어 낸다.

지금 나와 우리 사회는 환경의 도전에 굴하지 않는 환경역동성의 시간 속에 존재하는가?

지금 나와 우리 사회는 가야 할 방향이 하나로 결집되고 정의되는 방향역동성의 시간 속에 존재하는가?

지금 나와 우리 사회는 개인의 탐욕을 넘어 세상의 행복을 추구하는 자기희생적이고 이타적인 가치역동성의 시간 속에 존재하는가?

지금 나와 우리 사회는 분별과 증오를 넘어 하나의 공동체로서 인식하고 상호공생하려는 존중과 포용이 지배하는 관계역동성의 시간 속에 존재하는가?

지금 나와 우리 사회는 안정과 안주의 정체를 넘어 지속적으로 도전하고 창조하려는 실행역동성의 시간 속에 존재하는가?

앞서의 다섯 가지의 질문에 '그렇다'라고 말하는 시대의 개인과 사회는 번영할 것이고 '그렇지 않다'라고 말하는 시대의 개인과 사회는 어둠 속으로 사라질 것이다.

이 우주는 냉정히 요구한다. 역동적일 것인가? 비역동적일 것인가? 흥할 것인가? 망할 것인가의 답으로서 묵묵히 지속적으로 인류에게 이 질문을 요구하였고 그대로 보여주었다. 앞으로도 또한 질문과 대답의 결과는 반복되어질 것이다.

"天地不仁" 이 우주는 어떤 사람만을 위한 특혜적 질문과 대응을 하지 않는다. 그저 담담히 질문하고 담담히 보여줄 것이다. 여기에 희망이 있고 여기에 절망이 있다. 인식의 문제이고 실천의 문제이고 선택의 문제이다.

그래서 수퍼역동성이 시대의 희망이다.

참 존재를 위한 묵상

너와 나, 숲의 참나무 한 그루. 모두 다 변화와 조화의 진리 앞에 놓여있는 존재임을 깊이 묵상하며 살게 하소서.

우주 속 작은 파문의 꿈, 한바탕의 꿈, 내 삶의 시간은 그러합니다. 악몽보다는 선몽을, 패배의 역할보다는 승리자의 역할을 내 꿈의 각본에 쓰며 하루 하루를 맞이한다는 것이 얼마나 중요한지를 깊이 묵상하게 하소서.

무엇보다도 당신으로부터 바람이 없게 하소서. 오직 철저히 나에 대한 신뢰와 바람이 이 자리에 있게 하소서. 그리하여 언제나 맑고 힘찬 나눔의 샘물이 솟구치는 고여 썩지 않는 샘을 묵상하게 하소서.

포말 같은 삶의 언저리에서 끝없이 배회하는 삶이 아닌, 태평양의 중심같이 푸르고 깊은 시간 속에서 늘 출렁거리는 그 모습이 진정한 나임을 늘 깨어 묵상하게 하소서.

진정한 삶은 끝없는 겸허, 끝없는 노력, 끝없는 성실, 끝없는 감사, 끝없는 희망 속에서 피어나는 뜨거운 여름날의 아름다운 저녁 노을 같은 것임을 묵상하며 살아가게 하소서.

저 푸르던 나뭇잎, 내 옆의 사람도, 사랑하던 사람도 시간 속에서 낙엽처럼 사라져 갑니다. 미워할 수도, 두려워할 수도, 게을리 대할 수도 없는, 나의 인연들임을 묵상하며 살게 하소서.

교회에 성당에 헌금하러 가는 길, 법당에 보시하러 가는 길, 그 길 가에서 헐벗은 이 있어서, 나 그에게 모두 주고 더 이상 헌금도 보시할 것도 없어서, 그래서 지옥을 간다 해도, 그것이 진정한 예수의 뜻이요, 부처의 뜻이란 나의 이 믿음을 살아서 끝까지 지키며 살아갈 것을 매일매일 묵상하며 살아가게 하소서.

변화가 생명의 본질일지라도 상대는 변하지 않을 수 있습니다.

상대에게서 변화를 바라지 않는 것, 모든 변화의 출발은 나로부터임을 자각하는 것, 그것이 우주와 인류가 변하는 첫 희망임을 묵상하게 하소서.

푸른 하늘이 내 눈에서 사라지는 그 순간까지, 내 마음 속에 굳건히 담을 삶의 화두요, 비전은 '인간을 위한 공헌'임을 요동치는 삶의 항로 속에서 더욱더 묵상하며 살아가게 하소서.

훗날에 나의 후손들이 깔깔대며 나의 그림자를 흉내내더라도 그 그림자가 부끄럽지 않은 그런 삶의 흔적이 되기를 매일매일 묵상하며 살아가게 하소서.

김익철

수퍼역동성을 키우는 하카 과정과 하카리더십학교(충주)

4차 산업시대의 기본역량인 도전과 협력의 수퍼역동성을 키우기 위한 교육프로그램과 교육시스템이 하카과정과 하카리더십학교 (충주)를 통하여 제공되고 있습니다.

1. 하카 과정: 하카 리더십 과정, 하카 파트너십과정

- **개요**: 럭비의 도전과 협력의 가치를 실내 가치교육과 실외 체험교육을 통하여 내면화 시키는 과정
- **적용 대상**: 전직원 조직문화교육, 임직원, 신입사원, 리더.
- **교육시간**: 압축) 5시간, 기본) 7시간, 심화) 12시간.

2. 하카리더십학교(충주)

- 개요: 동양 최대의 충주 탄금호 국제조정경기장에서 충주시와 MOU를 맺고 역사, 스포츠, 글램핑의 시설환경을 활용하여 4차 산업시대가 요구하는 5가지의 수퍼역동성을 함양하는 새로운 개념의 공간과 방법을 통한 교육서비스 제공

- 교육시간: 1박 2일과정, 2박 3일과정, 3박 4일과정

- 주요 교육 내용

  1) 역동성 가치교육: 5대 역동성 가치학습과 전략수립

  2) 역사 특강: 역사를 통한 변화 혁신의 가치 학습

  3) 럭비 챌린지: 럭비 체험을 통한 도전, 협력가치 함양

  4) 조정 챌린지: 조정 체험을 통한 협력의 가치 함양

  5) 태껸수련: 고구려의 혼이 깃든 민족 무술 수련

  6) 글램핑 캠핑숙박: 자연속에서의 소통과 힐링

- 선택과정

  1) 역사 오리엔티어링: 중앙탑공원 일대의 역사 챌린지

  2) 역사 트래킹: 고구려-중앙탑 일대의 역사현장 트래킹

  3) 역동 성악의 밤: 역동적 성악가와 함께하는 성악공연

  4) 캠핑 바비큐: 글램핑 장에서 바비큐 소통의 시간

  5) 고구려 극기 트래킹: 고구려 장미산성-남한강 일대의 극기 트래킹(8~10시간)

문의: 1522-8809 / 031-766-2003　　　www.haka.co.kr

역동성의 중심, 하카리더십학교 -충주

자연!

역사!

스포츠!

캠핑!이 어우러진 역동성 함양의 중심

천혜의 자연환경과 동양최대의 조정경기장 및 스포츠, 문화 인프라에서

진행되는 역동성 함양을 위한 HRD의 공간, 방법의 대혁신

문의: 1522-8809 / 031-766-2003   www. Haka. co.kr.

HAKA Leadership Korea

역동성
프레밍